Farming &
The Welsh Landscape

Ffermio a'r
Tirwedd Cymreig

Charles F. Tunnicliffe, *Shearing, Cneifio* 1951 © Estate of Charles F. Tunnicliffe

Contents

Cynnwys

Brian Carter

Preface

The exhibition of *Farming and the Welsh Landscape* has been mounted by the Royal Welsh Agricultural Society as a unique part of their centenary celebrations. The particular objective of the R.W.A.S. is to provide a pictorial record of aspects of the many different types of farming and land use that fall within the Society's overall spheres of interest.

From the earliest stages of planning it had been the intention to identify pictures that reflect these various forms of agricultural activities as well as the geographical and topographical diversity representative of the wide spectrum that exists within Wales. To this potential variety of images it was also agreed that some should depict scenes of farming from earlier decades falling within the Society's centenary. To add to the celebratory nature of the exhibition, it was also decided that work by Welsh artists should predominate.

To achieve their purpose in the exhibition, the R.W.A.S. appointed Jill Piercy as the exhibition co-ordinator, knowing that she was someone with an extensive knowledge of 20th century Welsh artists, and has an outstanding reputation as an organiser of large scale art exhibitions.

The Royal Welsh Show, as well as being the largest of its kind in the United Kingdom, can also be viewed as a cultural event within Wales. Dr Emrys Evans CBE, Chairman of the Board of Management of the R.W.A.S. has been a vital figure in lending his full backing to this exhibition, and the Board has also taken an enlightened view in its support. If the R.W.A.S. were to develop plans for an extensive multifunctional Centenary Centre on the Showground, perhaps the Board of Management might consider instituting a policy of developing its own collection of paintings on the theme of farming and the landscape of Wales. Such a collection would have developed into a nationally important and significant body of work by the time of the bi-centenary.

In the current state of farming and the variation in the criteria for grants and subsidies, the environmental and visual aspects of the landscape have come to play a central role in determining new fiscal arrangements. What could be a better memorial from this centenary year's activities than plans to develop an historic collection of paintings that would represent the areas of interest of the R.W.A.S. and provide a visual history of the evolution of farming and its effects on the landscape. Those images would be of ongoing interest to all who visited the Centenary Centre whether at conferences, attending seminars, or business meetings or educational tours. There is little doubt that if the R.W.A.S. developed such an acquisitions policy, others would feel encouraged to donate paintings to the Society. For example, the Contemporary Arts Society for Wales, that great supporter of the visual arts might well consider donating appropriate works or offering them on semi-permanent loan.

If the Honorary Show Director of the R.W.A.S., Harry Fetherstonhaugh OBE, DL, who has been such a firm and influential supporter of this exhibition, were to deploy his persuasive powers in favour of such a policy then the scheme, supported by the Board, could be inaugurated during this centenary year.

It is a source of great pleasure and satisfaction that this exhibition of *Farming and the Welsh Landscape* is being opened by His Royal Highness the Prince of Wales. Quite apart from his well known love of the countryside and his own gifts as an artist, the Prince has been a great supporter of Welsh farmers, the agricultural industry and the Royal Welsh Agricultural Society. This invaluable support, both by words and deeds, has been particularly evident in recent years when times in the agricultural industry in Wales have been unusually onerous.

Rhagair

Y mae'r arddangosfa Ffermio a'r Tirwedd Cymreig wedi cael ei gosod i fyny gan Gymdeithas Sioe Frenhinol Cymru fel rhan unigryw o'i dathliadau canmlwyddiant. Prif amcan y Gymdeithas yw creu cofnod drwy gyfrwng darluniau o'r amryfal ddulliau o amaethu a defnydd tir sydd o fewn cylch diddordebau'r Gymdeithas.

O'r cychwyn cyntaf y bwriad oedd clustnodi lluniau sydd yn adlewyrchu'r amryfal fathau o weithgareddau amaethyddol yn ogystal â'r amrywiaeth daearyddol a thopograffig sydd yn bodoli yng Nghymru. Yn ychwanegol at yr amrywiaeth posibl hwn o ddelweddau penderfynwyd hefyd y dylai rhai ohonynt bortreadu golygfeydd amaethyddol o'r degawdau aeth heibio o fewn can mlynedd bodolaeth y Gymdeithas. Penderfynwyd hefyd ychwanegu at natur ddathliadol yr arddangosfa drwy sicrhau mai gweithiau gan artistiaid Cymreig ddylai gael y lle blaenaf.

Er mwyn ymgyrraedd at y nod penodwyd Jill Piercy fel trefnydd yr arddangosfa gan wybod bod ganddi hi wybodaeth eang o artistiaid Cymreig yr 20fed ganrif ac iddi enw da eithriadol fel un sydd yn drefnydd effeithiol o arddangosfeydd pwysig a helaeth.

Yn ogystal a bod y sioe fwyaf o'i bath yn y Deyrnas Unedig gellir hefyd synio am Sioe Frenhinol Cymru fel digwyddiad diwylliannol o fewn ein gwlad. Y mae Dr Emrys Evans CBE, Cadeirydd y Bwrdd Rheoli wedi bod yn berson allweddol wrth estyn ei gefnogaeth lwyr i'r arddangosfa hon ac y mae agwedd oleuedig y Bwrdd hefyd wedi bod yn un gefnogol iawn. Pe bai Sioe Amaethyddol Frenhinol Cymru yn gwneud cynlluniau i ddatblygu Canolfan Ganmlwyddiant helaeth amlswyddogaethol ar Faes y Sioe efallai y gellid perswadio'r Bwrdd Rheoli i sefydlu polisi o ddatblygu ei gasgliad ei hun o beintiadau ar yr un thema – ffermio a thirwedd Cymru. Ar achlysur dathlu'r Daucanmlwyddiant byddai'r casgliad wedi datblygu i fod yn un pwysig ac arwyddocaol dros ben.

Gyda'r sefyllfa bresennol yn y byd amaeth a'r modd y mae'r meini prawf ar gyfer derbyn grantiau a chymorthdaliadau yn amrywio cymaint, y mae agweddau amgylcheddol a gweledol y tirwedd wedi dod yn hollbwysig wrth bennu trefniadau ariannol newydd. Pa well ffordd o gofio gweithgareddau'r canmlwyddiant arbennig hwn na thrwy wneud trefniadau ar gyfer datblygu casgliad o beintiadau a fyddai'n cynrychioli holl ddiddordebau'r Sioe ac yn cofnodi hanes gweledol o'r modd y mae amaethu wedi tyfu a newid a'i effeithiau ar y tirwedd. Byddai'r delweddau hynny o ddiddordeb parhaol i bawb fyddai'n ymweld â Chanolfan y Canmlwyddiant – i gynadledda, i fynychu seminarau, pwyllgorau neu ymweliadau addysgol. Yn ddiddadl, pe bai'r Sioe Frenhinol yn cofleidio polisi o'r fath byddai nifer yn awyddus i gyflwyno peintiadau yn anrheg i'r Gymdeithas. Er enghraifft efallai y byddai Cymdeithas Celfyddyd Gyfoes Cymru'n barod i roi gweithiau addas neu eu benthyca am gyfnod amhenodol.

Y mae Harry Fetherstonhaugh OBE, DL., Cyfarwyddwr Mygedol Sioe Amaethyddol Frenhinol Cymru, wedi bod yn gefnogwr cadarn a dylanwadol i'r arddangosfa hon ac efallai y dylid manteisio ar ei ddoniau perswadiol ef o blaid y fath gynllun, gyda chefnogaeth y Bwrdd, ac y gellid ei arloesi yn ystod y flwyddyn ganmlwyddiant hon.

Cawn gryn bleser a boddhad o wybod bod yr arddangosfa Ffermio a'r Tirwedd Cymreig yn cael ei hagor gan Ei Fawrhydi Tywysog Cymru. Gwyddom am ei gariad tuag at ardaloedd gwledig ac am ei ddoniau artistig, y mae hefyd wedi bod yn gefnogwr brwd i ffermwyr Cymru, y diwydiant amaeth ac i Gymdeithas Amaethyddol Frenhinol Cymru. Y mae'r gefnogaeth amhrisiadwy hon, mewn gair a gweithred, wedi bod yn un arbennig o amlwg yn ystod y blynyddoedd diweddaraf mewn cyfnod pan fu'r diwydiant amaeth yng Nghymru'n yn un digon dreng.

Robert Meyrick

The Art of the Welsh Landscape in the 20th and early 21st century

Gordon Mills, *Dyffryn Dyfi from Llancunfelin 2004, Dyffryn Dyfi o Langynfelin 2004*

Y Tirlun Cymreig yn yr 20fed a dechrau'r 21ain ganrif

Wil Rowlands, *Sheep – Snow, Defaid – Eira*

For centuries artists have visited Wales to paint its sublime mountain scenery, coastline, industrialised landscape and, moreso in the 20th century than at any other time, the farming communities. Welsh artists too have drawn upon their experience of rural life – inspired by a deep-felt sensitivity toward the Welsh landscape, its people and traditions. From the upland and coastal regions of north Wales to the farms of Pembrokeshire and the south Cardiganshire lowlands, artists have used the landscape as a vehicle to celebrate their Welsh heritage and sense of Welsh identity. Kyffin Williams in Snowdonia, John Elwyn in the Teifi valley and David Tress in the Preseli mountains are among the many artists who have sought inspiration in a familiar environment.

Kyffin Williams, *Sheep Dog, Ci Defaid*

From the 1950s, this preoccupation with the Welsh landscape was encouraged by fledgling institutions like the Arts Council of Wales and the Royal National Eisteddfod who sought not only to nurture a Welsh school of painting but also attempted to define the 'Welshness' of Welsh art. The selectors of an exhibition of contemporary Welsh painting at the National Museum in 1953, for example, sensed a very definite feeling:

of love and compassion for humanity and a consciousness of the relations of men and women to nature, buildings and everyday life in Wales. [And]... this concern with the environment seems to auger well for the future of a Welsh School of Painting.

Indeed, the upland hill farmers in the north and the busy dairy farms of the south, their livestock and wildlife, the gardens of Bodnant and Llanerchaeron, managed woodland and forestry, seasonal variation, climate and the movement and quality of light, have provided a rich source of material for artists.

Kyffin Williams, *Two Farmers, Dau Ffermwr*

The artists whose works have been brought together here in this exhibition have recorded the working life of the Welsh countryside in all its diversity. Many have responded to nature's cycle throughout the seasons, and the activities that take place on the land at different times of the day and as they vary from seed-time to harvest. John Elwyn, one of Wales' most prolific 20th-century painters of the farming calendar, was brought up close to the land and for seven decades he drew upon his experience of the countryside. He was sensitive to the strict pattern of rural life and his early experiences in Newcastle Emlyn very much shaped his attitude towards landscape and art.

Kyffin Williams has been one of the few artists to depict the true hardship of working an uncompromising land; his paintings of weather-worn shepherds, a dog at heel, struggling over stony outcrops against the wind and hail, pay tribute to their stoicism and endurance. In the

paintings of Josef Herman and Will Roberts labour is represented symbolically as morally pure and dignified: the solitary farmer working the land serves as a heroic and universal emblem for worker. The figure acts as a vehicle for emotional and religious expression as each artist projects their own character into the subject – simply looking and recording was not enough, there is a probing for a deeper sense of experience than that offered by exact representation. The hard and lonely existence of the upland farmers as painted by Kyffin Williams contrast John Elwyn's serene golden meadows of the Teifi Valley bathed in a Mediterranean-like sunlight. John Elwyn, like Harry Hughes Williams and Charles Tunnicliffe before him, recorded the social landscape – activities on the farm such as harvest time, rick building, milking or feeding hens. Aneurin Jones and David Beattie also paint farmers and

Am ganrifoedd y mae artistiaid wedi ymweld â Chymru i beintio ei mynyddoedd ysblennydd, ei harfordir a'i thirwedd diwydiannol, ac yn fwyaf arbennig yn yr 20fed ganrif, y cymunedau amaethyddol. Y mae artistiaid Cymreig hefyd wedi tynnu oddi ar eu profiad o fywyd gwledig – a chael eu hysbrydoli gan nid yn unig hud y tirwedd ond hefyd y bobl a'r traddodiadau. O fryniau ac ardaloedd glan môr gogledd Cymru i ffermydd Sir Benfro a gwastadeddau de Sir Aberteifi y mae artistiaid wedi manteisio ar y tirwedd i ddathlu'r etifeddiaeth Gymreig a'r hunaniaeth Gymreig. Ymysg y niferoedd o artistiaid sydd wedi sugno eu hysbrydoliaeth o'r amgylchedd sydd yn gyfarwydd iddynt y mae Kyffin Williams yn Eryri, John Elwyn yn nyffryn Teifi a David Tress ym mynyddoedd y Preseli.

O'r 1950au ymlaen hyrwyddwyd y diddordeb dwfn yn nhirwedd Cymru gan sefydliadau newydd-anedig megis Cyngor Celfyddydau Cymru a'r Eisteddfod Genedlaethol a oedd yn awyddus nid yn unig i feithrin ysgol o beintio Cymreig ond hefyd i geisio diffinio 'Cymreigrwydd' celf Gymreig. Er enghraifft, synhwyrodd detholwyr arddangosfa o beintiadau cyfoes yn yr Amgueddfa Genedlaethol yn 1953 bod yna ymdeimlad sicr

o gariad a chydymdeimlad tuag at ddynoliaeth ac ymwybyddiaeth o'r berthynas rhwng dynion a merched a natur, adeiladau a bywyd pob-dydd yng Nghymru… a bod y consarn hwn yn argoeli'n dda i ddyfodol Ysgol Beintio Gymreig.

Yn wir, y mae ffermwyr y tir uchel yn y gogledd a'r ffermydd llaeth prysur yn y de, eu da byw a'u bywyd gwyllt, gerddi Bodnant a Llanerchaeron, y gofal am goetir a choedwigoedd, amrywiaeth y tymhorau, yr hinsawdd a lleufer sydyn yr haul, oll wedi bod yn gynhysgaeth oludog i'r artistiaid.

Y mae'r artistiaid sydd wedi cael eu corlannu yn yr arddangosfa hon wedi cofnodi cefn gwlad yn ei holl amrywiaeth. Ymatebodd nifer i gylch anian treigl y tymhorau a'r gweithgareddau sydd yn digwydd ar y tir ar adegau gwahanol o'r dydd ac fel y maent yn amrywio o amser hau i amser cynhaeaf. Magwyd John Elwyn, un o beintwyr byd amaeth mwyaf toreithiog yr 20fed ganrif, yn agos i'r pridd ac am saith degawd y mae wedi tynnu ar ei brofiad o gefn gwlad. Yr oedd yn ymwybodol o batrwm manwl y bywyd gwledig ac fe luniwyd ei agwedd tuag at dirlun a chelfyddyd gan ei brofiadau cynnar yng Nghastell Newydd Emlyn.

Un o'r ychydig artistiaid sydd wedi llwyddo i bortreadu bywyd caled y gweithiwr ar y tir yw Kyffin Williams; mae ei ddarluniau o fugeiliaid bochgoch, ci wrth eu sodlau, yn ymlafnio dros y tir creigiog yn wyneb y gwynt a'r cenllysg,

yn deyrnged i'w dyfal-barhad a'u gwytnwch. Yng ngweithiau Josef Herman a Will Roberts y mae gwaith caled yn cael ei bortreadu'n symbolaidd fel rhywbeth moesol bur ac urddasol; y ffermwr unig yn braenaru ei dir yn symbol o'r gweithiwr fel creadur arwrol. Y mae'r ffigur yn ymgorffori mynegiant crefyddol ac emosiynol fel y mae'r artist yn ymdoddi ei gymeriad ei hun yn y gwrthrych – nid oedd edrych a chofnodi'n ddigon, rhaid chwilota am brofiad dyfnach na'r un oedd yn cael ei gynnig gan yr union bortread. Mae bywyd unig a chaled y ffermwr mynydd, fel a welir yng ngwaith Kyffin Williams, yn cyferbynnu gyda meysydd euraidd tangnefeddus Dyffryn Teifi John Elwyn yn bolaheulo mewn gwawl ganoldirol. Felly hefyd Harry Hughes Williams a Charles Tunnicliffe yn cofnodi'r tirwedd cymdeithasol – gweithgareddau fferm megis cynhaeaf, tasu, godro a bwydo'r ieir. Mae Aneurin Jones a David Beattie hefyd yn peintio ffermwyr a chymeriadau cefn gwlad – o fewn eu tirwedd, yn sgwrsio

Charles F. Tunnicliffe, *Harvesting, Cynhaeaf* © Estate of Charles F. Tunnicliffe

characters of Welsh rural life – in the landscape, in conversation at a weekly livestock mart or at local agricultural shows. In north Wales Keith Bowen documents farming in Snowdonia and Caernarfon-born William Selwyn paints the Gwynedd landscape and its workers.

There is a nostalgia that is common to the work of Harry Hughes Williams, Tunnicliffe and John Elwyn who share with artists of the 18th and 19th centuries an idealised peaceful vision of farming. Their serene and optimistic perception of the landscape of Wales belongs to the British pastoral tradition and echo A. E. Housman's Arcadian vision of a 'land of lost content' and 'blue remembered hills' so eloquently expressed in his poem Shropshire Lad (1896). The contemporary obsession with innovation and originality in art tends to make us think that drawing on the past is anti-progressive, escapist and insular, however Peter Fuller believed this was a constructive attempt to create 'consoling places'. This nostalgic perception of the landscape of Wales has after all been central to the Welsh bardic tradition from the medieval poets to Dylan Thomas.

The patterned landscape, divided into fields by country lanes, hedgerows and stone walls, continues to appeal to artists' sense of design. The simple geometry and decorative character of the farmhouses, barns and out buildings nestled together amongst a patchwork of fields have attracted such artists as George Chapman. In his paintings and etchings of farms at Pennant above Aberaeron on the Cardiganshire coast, he concentrated upon the formal qualities in a landscape. Chapman derived his stylised rhythmic interlocking forms from the landscape to depict agricultural machinery in picturesque decay and milk churns on stone plinths that await collection. Alex Williams also took as his subject rusty tractors and old tools stored in a barn. Bill Davies draws upon his background as an architect and is attracted to the simplicity and functionality of vernacular architecture, its regional identity and variation of architectural form. He examines the way in which buildings have evolved in structure, materials, construction and location as a response to geography and climate. Edwina Ellis moved to Wales in 1992 and it is not surprising given her training as a jeweller that she should take an interest in the pure, uncluttered compositions she found in details of the formal gardens at Bodnant and Llanerchaeron. She produces meticulously drawn colour wood engravings like that of Deep Pool at Bodnant with remarkable observation and facility for the rendering of surface, texture and patina.

Come rain or shine the unpredictable Welsh climate has stirred artists to portray unusual and inspiring episodes of nature. David Tress's evocative interpretations of the Preseli mountains extend the sublime strain of

Edwina Ellis, *Deep Pool Bodnant, Pwll Dwfn Bodnant*

George Chapman, *Kissing Tree, Gors Farm, Pennant, Coeden Gusanu, Fferm y Gors, Pennant* 1953
Collection of/Casgliad o: University of Wales, Aberystwyth

Bill Davies, *Farm buildings near Denbigh, Adeiladau Fferm yn yml Dinbych* 1970

yn y farchnad wythnosol neu mewn sioe leol. Yng ngogledd Cymru y mae Keith Bowen yn cofnodi ffermio ym mro Eryri a William Selwyn o Gaernarfon yn peintio tirwedd Gwynedd a'i gweithwyr.

Mae yna hiraeth yng ngweithiau Harry Hughes Williams, Tunnicliffe a John Elwyn, cyffelyb i'r hiraeth a welir yn artistiaid y 18fed a'r 19eg ganrif, yn delfrydu amaethyddiaeth fel rhywbeth tangnefeddus. Mae eu dirnadaeth araul a chyffyrddus o dirwedd Cymru yn perthyn i'r traddodiad bugeiliol ac yn ein hatgoffa o weledigaeth Arcadaidd A E Housman am 'land of lost content' a'r 'blue remembered hills' a fynegir mor groyw yn ei gerdd i'r *Shropshire Lad* (1896). Y mae'r obsesiwn cyfoes gydag arloesi a gwreiddioldeb mewn celfyddyd yn tueddu i wneud inni feddwl bod amsugno rhywbeth o'r gorffennol yn wrthun, dihangol ac ynysig ond cred Peter Fuller mai ymdrech adeiladol i greu 'mannau cysurlon' ydyw. Wedi'r cyfan y mae'r syniad hiraethus hwn am dirwedd Cymru wedi bod yn rhan annatod o'r traddodiad barddol Cymreig o gyfnod beirdd y canoloesoedd hyd at Dylan Thomas.

Y mae'r tirwedd gwyddbwyllog sydd yn cael ei greu gan y caeau wedi eu hamgylchynnu gan lonydd culion, gwrychoedd a waliau cerrig, yn parhau i apelio at synnwyr dyluniol ein hartistiaid. Mae geometreg syml a chymeriad addurnol y tai ffermydd, ysguboriau ac adeiladau allanol yng nghesail patrymog y caeau wedi denu artistiaid megis George Chapman. Yn ei beintiadau a'i ysgythriadau o ffermydd ym Mhennant uwch Aberaeron ar arfordir Sir Aberteifi fe ganolbwyntiodd ef ar ansawdd ffurfiol y tirwedd. Deilliodd ffurfiau rhythmig arddulliol plethedig Chapman o'r tirwedd er mwyn darlunio peiriannau amaethyddol mewn cyflwr adfeiliedig a chansenni llaeth ar eu gorseddau carreg yn aros am y lorri i'w casglu. Cymerodd Alex Williams ei destun hefyd o dractorau rhydlyd a hen offer yn pydru mewn ysgubor. Mae Bill Davies yn tynnu ar ei gefndir pensaerniol ac y mae'n cael ei hudo gan symlrwydd a defnyddioldeb pensaerniaeth frodorol, ei hunaniaeth ranbarthol a'r amrywiaeth mewn arddull bensaerniol. Y mae'n edrych ar y modd y mae adeiladau wedi newid o ran strwythur, deunydd, adeiladwaith a mangre yn ôl gofynion daearyddol a hinsawdd. Symudodd Edwina Ellis i Gymru yn 1991 ac nid yw'n syndod bod ei hyfforddianrt fel gemydd wedi ei harwain at ymddiddori yn y cyfansoddiad dillyn a diffwdan a ganfu yng ngerddi ffurfiol Bodnant a Llanerchaeron. Mae hi'n troi allan engrafiadau pren wedi eu llunio'n gywrain megis 'Deep Pool at Bodnant' sydd yn dangos sylwgarwch a rhwyddineb eithriadol wrth rendro arwyneb, graen a llathredd.

Ym mhob rhyw dywydd y mae hinsawdd anwadal Cymru wedi ysgogi artistiaid i ddarlunio byd natur yn ei holl

Romanticism seen in John Piper's landscapes of Snowdonia and Pembrokeshire. These powerful land and seascapes are not the result of topographical accuracy, but convey something of the essence of the landscape through attention to selected details and the effects of light and open space. Tress appreciates and exploits the accidental, and manipulates the paint to tease out the subject that is in his mind. Darren Hughes is also concerned to capture and interpret with ink and paint the landscape and fleeting moments of light, cloud formation and the movement of prevailing weather fronts. He draws the dramatic landscape around his home at Bethesda with a rare insight into the structure of the land. Vistas across open farmland to a mist enveloped Moel Faban are occupied by the occasional row of terraced cottages, a farmhouse or outbuildings and dominated by storm clouds that threaten a downpour. Light above the horizon silhouettes the hill and provides stark visual contrasts as light is reflected off rocks and slate roofs. Surrey-born painter Donna Crawshaw now lives on the edge of the Black Mountain where the changing effects of light and dappled shadow on the landscape, livestock and farm buildings around her home have been central to her work.

Seren Bell, David Beattie and Sally Matthews extend the 18th-century traditions of animal painting. In 1986 Debbie Dunbar moved from rural Warwickshire to Newcastle Emlyn where she keeps a stud of Welsh cobs; her passion for horses is evident in the studies she has made of their behaviour, interaction, character and movement. Sally Matthews moved to Builth Wells from Tamworth in the Midlands where her parents bred Welsh Mountain ponies. In her large drawings of Welsh Blacks, for example, she uses drawing as a means of understanding and explaining form and anatomy.

The appeal of our ancient landscapes, rich in history, is a very strong one. In the Wales of Wrexham-born Keith Bowen 'the past is always present'. Tradition, and the sense that a landscape has evolved over successive generations of farming, is important to him. He writes of this continuity:

Keith Bowen, *Storm Over Snowdon, Storm ar yr Wyddfa*

Today, when standing in an ancient, now silent, sheep pen, with the passing streams gurgling through the dipping pool; the echoes, traces and memories of times past become almost palpable.

For Bowen and others who possess this strong sense of tradition and belonging, the landscape, farming and rural life are a part of their fabric. Ogwyn Davies lives and works in the heart of Welsh farming life at Tregaron and he too draws upon his experience, observations and a feeling for the landscape, its history and its mystery. Eleri Mills was born at Llangadfan and has exhibited her work from Tokyo to Madrid, yet farming and the native landscape of mid Wales remains in her blood. She is also aware that custodianship of the land passes from generation to generation, thereby reinforcing her sense of belonging and in turn the relevance of her ancestry, culture and narrative traditions.

Darren Hughes, *Road to Tan y Foel, Ffordd i Dan y Foel*

ogoniant. Mae dehongliadau atgofus David Tress o fynyddoedd y Preseli'n cadarnhau'r duedd ddyrchafol Ramantaidd a geir yn nhirluniau John Piper o Eryri a Sir Benfro. Nid cywirdeb daearyddol a geir yn y tirluniau a'r morluniau grymus hyn ond y maent yn cyfleu naws y tirwedd oherwydd eu manylder gofalus ac effeithiau golau a gofod. Mae Tress yn gwerthfawrogi ac yn manteisio ar y damweiniol ac yn trafod y paent yn dyner er mwyn ceisio portreadu'r hyn sydd ganddo yn ei feddwl. Mae Darren Hughes hefyd yn defnyddio inc a phaent i gipio ac i ddehongli'r tirwedd ac eiliadau diflanedig o oleuni, patrymau'r cymylau ac anwadalwch yr hin. Darlunio'r tirwedd dramatig o gwmpas ei gartref ym Methesda wna Darren gan wneud hynny gyda threiddgarwch anarferol. Mae ganddo olygfeydd lle gwelir ambell res o fythynnod, ffermdy neu adeiladau allanol yn ymestyn ar draws tir amaeth a draw drwy'r niwl wele Foel Faban yn drwm gan gymylau bygythiol. Uwch y gorwel mae'r goleuni'n amlinellu'r bryn ac yn creu cyferbyniad gweledol fel y mae'r goleuni'n cael ei adlewyrchu gan y creigiau a'r toau llechi. Ganwyd Donna Crawshaw yn Surrey ond y mae'n byw erbyn hyn ar fin y Mynydd Du lle mae'r golau'n chwarae mig a'r cysgodion ar draws y tir ac y mae'r da byw a'r adeiladau fferm o gwmpas ei chartref yn ganolog i'w gwaith.

Mae Seren Bell, David Beattie a Sally Matthews yn ymestyn traddodiadau'r 18fed ganrif o beintio anifeiliaid. Yn 1986 symudodd Debbie Dunbar o Swydd Warwig wledig i Gastell Newydd Emlyn lle mae hi'n magu cobiau Cymreig; mae ei hoffter mawr o geffylau'n amlwg yn yr astudiaethau a wnaeth o'u hymarweddiad, eu rhyngweithrediad, eu cymeriad a'u symudiadau. Symudodd Sally Matthews i Lanfair ym Muallt o Tamworth yn y Canoldir lle'r oedd ei rhieni'n bridio Merlod Mynydd Cymreig. Yn ei lluniau mawr o Wartheg Du Cymreig, er enghraifft, y mae'n defnyddio arlunio fel modd i ddeall ac i esbonio ffurf ac anatomeg.

Mae apêl ein tirwedd hynafol, cyfoethog ei hanes, yn gryf. Yng Nghymru Keith Bowen, genedigol o Wrecsam, "y mae'r gorffennol bob amser yn bresennol". Mae traddodiad a'r ymdeimlad bod y tirwedd wedi esblygu dros genedlaethau o amaethwyr, un ar ôl y llall, yn bwysig iddo. Meddai am y dilyniant:

Heddiw, wrth sefyll mewn hen gorlan fud a'r nentydd yn byrlymu drwy gafn trochi'r defaid, mae'r atseiniau, yr atgofion a'r arlliwiau bron â bod yn gyffyrddadwy.

I Bowen ac eraill sydd yn berchen synnwyr cryf o draddodiad a pherthyn y mae'r tirwedd, byd amaeth a bywyd gwledig yn rhan o'u cynhysgaeth. Mae Ogwyn Davies yn byw ac yn gweithio ym mherfeddwlad y byd

Donna Crawshaw, *Gentle Look II – Cow, Edrychiad Tyner 11 – Buwch*

Alex Williams, *Farmer's Tool Shed, Sied Offer Ffermwr*

amaeth yn Nhregaron ac y mae yntau hefyd yn tynnu ar ei brofiad, ei arsylwadau a'i ymdeimlad tuag at y tirwedd yn ogystal ag at ei hanes a'i ddirgelwch. Ganwyd Eleri Mills yn Llangadfan ac y mae ei gwaith wedi cael ei arddangos o Dokyo i Fadrid ac eto y mae byd amaeth a'r tirwedd brodorol yn ei gwaed. Mae hi hefyd yn ymwybodol iawn bod ceidwad y tir yn cael ei etifeddu gan un genhedlaeth ar ôl y llall ac y mae hynny'n atgyfnerthu ei hymdeimlad o berthyn a'i sylweddoliad o pa mor berthnasol yw llinach, diwylliant a thraddodiadau llafar iddi.

Mae Wendy Murphy hithau hefyd yn berchen ymlyniad Rhamantaidd tuag at ei phwnc a sonia am 'hen fwthyn sydd yn bradychu creithiau amser ar ei furiau' a'r haenau o wyngalch yn datgelu bod cenedlaethau wedi byw o'i fewn.

Wendy Murphy, *White House, Ty Gwyn*

Evan Jon

With a similar Romantic attachment to her subject, Wendy Murphy writes of 'an old cottage bearing the scars of time on its walls'; the layers of white-washed surface falling away to recall generations of habitation. The farm buildings and stone walls are solid and unchanging, they are indicators of a human presence that is felt but not necessarily represented directly. Gwilym Prichard also communicates his love of a locality. It might be the play of light on a hillside, a snow encrusted farm in winter, a meandering sheep track, or an approaching storm. These are the recurrent motifs in his work. His is a landscape divided by dry-stone walls, rocks, ditches and sparsely populated with lonely and isolated farmhouses, huddled against the hillside of his beloved Cader Idris, Tan-y-Grisiau and the Moelwyn Mountains. Artist and sheep farmer John Howes lives in the upper Swansea valley. In 1996 he received the deeds of his property and this inspired a series of conceptual works concerned with 'the processes of management, documentation and representation of agricultural landscapes' in which he uses the names of fields on his farm, map references and photographs of sections of turf taken from each named plot of land.

The artists in this exhibition grew up, or have lived for decades, amongst the hills, farmsteads and meadows that they now paint. Whilst they might represent specific landscapes, farming methods, livestock or atmospheric phenomena peculiar to the Welsh landscape, their paintings have come to represent aspects of all such rural communities throughout Britain. They provide a unique and invaluable record of the Welsh farming landscape in all its diversity and help us to understand changing attitudes toward our landscape and the life experienced by agrarian workers during a century of phenomenal change. It is fortunate that we have in Wales so many artists well equipped to communicate their knowledge, experience and vision of our landscape with such passion and integrity.

Ogwyn Davies, *Long barn – dark sky, Ysgubor hir – awyr dywyll*

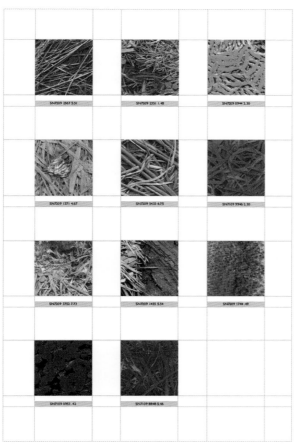

John Howes, *'66 Acres or there abouts'*, *'66 Erw fwy neu lai'*

Mae'r adeiladau fferm a'r waliau cerrig yn solet a digyfnewid, yn arwydd bod dyn wedi byw yno ar un adeg er mai dim ond awgrym o hynny sydd yng ngwaith yr artist. Mae Gwilym Prichard hefyd yn llwyddo i gyfleu ei gariad at ei fro. Efallai mai'r goleuni'n chwarae mig ar ochr y bryn, fferm dan eira, llwybr defaid troellog neu storm ar y gorwel sydd yn cyfleu hynny. Mae'r rhain yn ymddangos dro ar ôl tro yn ei waith. Nodweddion ei dirwedd ef yw clawdd sych, creigiau, ffosydd a ffermdai anghysbell yng nghesail ei annwyl Gadair Idris, Tan y Grisiau a'r ddau Foelwyn. Yng Nghwm Tawe y mae'r ffermwr defaid a'r artist John Howes yn byw. Yn 1996 derbyniodd weithredoedd ei eiddo ac fe'i hysbrydolwyd i greu cyfres o weithiau cysyniadol yn ymwneud â phrosesau rheolaeth, dogfennu a phortreadu tirwedd amaethyddol lle mae'n defnyddio enwau'r caeau ar ei fferm, cyfeirnodau map a ffotograffau o ddarnau o dywyrch o bob cae a enwir.

Y mae'r artistiaid sydd yn rhan o'r arddangosfa hon wedi eu magu neu wedi byw am ddegawdau ar y bryniau a'r ffermydd a'r meysydd sydd erbyn hyn wedi eu trawsnewid yn ddarluniau. Tra eu bod yn cynrychioli tirweddau arbennig, dulliau amaethu, da byw a'r rhyfeddodau hinsoddol sydd yn nodweddiadol o Gymru, y mae eu peintiadau'n cynrychioli pob agwedd o fywyd cefn gwlad Prydain gyfan. Ceir ynddynt gofnod unigryw a gwerthfawr o dirwedd amaethyddol Cymru yn ei holl amrywiaeth ac y maent yn fodd inni ddeall sut y mae agwedd tuag at ein tirwedd a bywyd gweithwyr amaethyddol wedi newid yn ystod canrif chwyldroadol. Mor ffodus ydym bod gennym gymaint o artistiaid dawnus sydd yn medru rhannu eu gwybodaeth a'u profiad a'u gweledigaeth gyda'r fath angerdd a diffuantrwydd.

Eleri Mills, *In the fields (no. 1), Yn y caeau (rhif 1)*

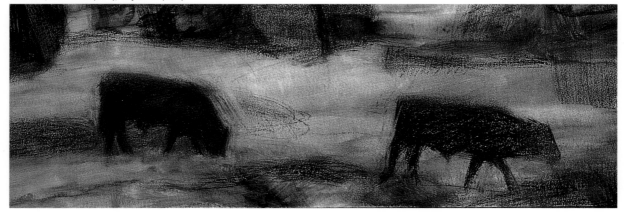

Peter Lord

Land & Landscape

The image of Wales that comes first to the mind of most people who live outside the country is probably one of the land. This image was created by artists. They were highly selective in the land which they portrayed because, for the most part, they wished to image abstract ideas for which the land of Wales happened to be a convenient vehicle, rather than the idea of Wales itself. For the artists – as for the tourists who came with them and who continue to come – the land was essentially a landscape. In the eighteenth century the ideas which it suggested to them were concerned with defining the nature of beauty, and in the nineteenth century increasingly about the meaning of what they regarded as God's creation. Many of the artists came from England, for whom the relative accessibility of Wales, as well as the visual qualities of some of its land, made it a particularly attractive prospect. Nevertheless, the contribution to the development of ideas through the observation of landscape made by Welsh artists and intellectuals has been underestimated in the past by historians. As insiders, many of these Welsh contributors to the history of ideas manifested complex and sometimes conflicted attitudes to the land which they portrayed. They knew that before the formal qualities of what they might well present as an unpopulated and mountainous wilderness, the land of Wales was home to a people – and to a people who were dependent on agricultural labour for their livelihood. They knew that these people had both been formed by their land and, in turn, that they had shaped what was to be seen by their agriculture and by the broader cultures it sustained. In 1771 the satirist Evan Lloyd wrote from his home near Bala to his friend John Wilkes:

If Milton was right when he called Liberty a mountain nymph, I am now writing to you from her residence and the peaks of our Welch Alps heighten the idea, by wearing the clouds of Heaven like a cap of Liberty …

Lloyd presented the mountains of Wales as symbols of Liberty, the idea which preoccupied the Londoner, Wilkes, and his followers, and which underlies many of the Romantic landscapes of Snowdonia painted in the period

Harry Hughes Williams, *Y Ogof Mill, Melin Yr Ogof* c.1942

Tirlun a Thirwedd

Private collection/Casgliad preifat

'r rhan fwyaf o bobl o'r tu allan, y ddelwedd gyntaf o Gymru sy'n dod i'r meddwl yw delwedd o'r tir. Crëwyd y ddelwedd hon gan artistiaid a fu'n gweithio yma o ganol y ddeunawfed ganrif ymlaen. Yr oedd yr artistiaid hyn yn ofalus iawn o ran y tir a ddewisent i'w bortreadu oherwydd, at ei gilydd, nid Cymru oedd gwir destun eu darluniau. Yn hytrach, cyfrwng cyfleus i fynegi cysyniadau mawr a haniaethol oedd Cymru iddynt. Yn y ddeunawfed ganrif pennaf ddiddordeb artistiaid oedd diffinio natur prydferthwch ac, yn gynyddol drwy'r bedwaredd ganrif ar bymtheg, ystyr creadigaeth Duw a daniai eu dychymyg. Tirwedd, yn hytrach na thir, oedd Cymru iddynt, felly, fel yr oedd hefyd i'r ymwelwyr a ddaeth yn eu sgil. Daeth llawer o'r artistiaid o Loegr, gan fod Cymru'n gyfleus yn ogystal â deniadol iddynt. Serch hynny, ni roes haneswyr ddigon o bwyslais ar gyfraniad artistiaid a deallusion Cymru i hanes y syniadau a ffurfiwyd o ganlyniad i'r diddordeb newydd mewn tirwedd. Oherwydd eu bod yn ystyried tir eu gwlad o'r tu mewn, fel petai, yn ogystal ag yn y cyd-destun Seisnig, weithiau amlygai'r Cymry hyn agweddau cymhleth tuag ato, gan groes-ddweud ei gilydd ar adegau. Gwyddent mai cartref i genedl oedd Cymru yn gyntaf, a bod y rhan fwyaf o'i phobl yn dibynnu ar eu llafur ar y tir am eu bywoliaeth. Rhan fechan ohoni oedd 'Gwalia Wyllt'. Tra oeddynt yn ymwybodol o'r ffaith fod cymeriad y Cymry wedi'i ffurfio gan natur y tir yr oeddynt yn ei drin, sylweddolent hefyd mai eu hamaethyddiaeth a'u diwylliant ehangach, yn eu tro, a oedd yn gyfrifol am olwg y tir – sef y dirwedd. Ym 1771 ysgrifennodd y dychanwr Evan Lloyd o'i gartref ger y Bala at ei gyfaill John Wilkes yn Llundain:

If Milton was right when he called Liberty a mountain nymph, I am now writing to you from her residence and the peaks of our Welch Alps heighten the idea, by wearing the clouds of Heaven like a cap of Liberty ...

Cyflwynodd Lloyd fynyddoedd Cymru fel symbolau o Ryddid, sef y cysyniad agosaf at galon Wilkes a'i ddilynwyr – a'r un cysyniad oedd yn sail i lawer o'r tirluniau rhamantus o fynyddoedd Eryri a werthwyd yn Llundain yn ystod ei gyfnod ef. Serch hynny, mewn llythyr arall, and sold in the English metropolis. However, in another letter Lloyd presented his home as an insider perceived it. High-flown symbolism was replaced by observation of the struggle for survival of an agricultural community in a hard land:

I might indeed furnish my Letter with another Sort of Materials – for when I sit at my Window I am all the Farmer – then I might tell You of the Wet Season, the rot among Sheep, the Damage done the Hedges by the Starving Inhabitants of Bala ...

Thomas Smith, *Raglan Castle, Castell Rhaglan* 1680–90
Collection of/Casgliad o: Duke of Beaufort

These realities of rural life are difficult to find in the representations of Wales made by artists, Welsh or otherwise, in the eighteenth and nineteenth centuries, which is a strange paradox because at the time this land was, perhaps, the most intensively imaged in Europe. The explanation lies in the fact that for long periods high art has been concerned primarily with ideas formulated for the consideration of those removed by their wealth or power from the struggle of the common people to survive. Only occasionally have fashions changed so that the presentation of rural life has become of interest to those with the money to buy pictures. Even then, for the most part, the existence of our ancestors on the land has been mediated by the desire to spare the consciences of those able to insulate themselves from its difficulties.

Before the landscape movement of the later eighteenth century any visual imaging of the land was uncommon,

and the imaging of particular places with a view to suggesting them objectively, rather than symbolically, was extremely so. For instance, in the medieval period the painter of the huge image of St Christopher on the wall of the church at Llanynys in Denbighshire set his subject against a landscape which included a windmill, but it was based on German woodcuts which provided the model for representations of the saint throughout Christendom rather than on observation of a local example.

In the sixteenth and seventeenth centuries portraiture dominated painting commissioned by Welsh patrons, and the appearance of the land was largely confined to the occasional glimpse through a window. Sometimes an individual such as Edward Herbert, First Baron Herbert of Chirbury, chose to be depicted in contemplative mood in a landscape but, again, the woods and fields of his portrait were probably derived more from an established concept of Arcadia than from observation of the Welsh Marches. Later, particular features were sometimes depicted, such as the unmistakable shape of the Brecon Beacons which appears in the decorations of Tredegar House, painted in the later seventeenth century. Nevertheless, the deeper subject of the pictures remains the idea of Arcadia. However, in the aftermath of the Civil Wars the psychological need of a traumatised gentry to reassert its sense of place did result in the development of a type of picture in which, for the first time, the straightforward description of the land was consistent with the symbolic requirements of the patron. Thomas Smith's view of the ruinous *Raglan Castle*, painted in about 1680–90 for the owner, the Duke of Beaufort, reveals the neighbouring manor house in excellent repair. A woman milks a cow in a field, and a shepherd drives a small flock of sheep before him. Smith's view of Raglan was taken from an imagined high viewpoint, a characteristic which led to such pictures being collectively described as 'bird's-eye views'. In terms of its presentation of the land, the largest and most informative of them is that which depicts Llannerch in Denbighshire. Beyond the avant-garde formal gardens of the house appears the agricultural land extending north to St Asaph, whose cathedral enlivens the skyline. It is the land of small fields bounded by hedges punctuated with trees which persisted there and in many other places into the twentieth century. However, in the middle distance is an undershot watermill, which – if it is, indeed, a corn mill – reminds us that in the seventeenth century this land sustained a mixed agriculture, growing crops as well as feeding livestock. In view of this fact the Llannerch picture, like most of its contemporaries, presents a somewhat under-populated land, since the fields would often have been thronged with labourers, weeding or harvesting. The common people who do appear at Llannerch are engaged

William Roos, *Hereford Ox, Eidion Henffordd* 1844
Private collection/Casgliad preifat

cyflwynodd Lloyd ei gartref gyda geiriau un oedd wedi'i fagu yng nghefn gwlad Cymru. Yn lle symboliaeth ffansiol, mynegodd brofiad uniongyrchol o'r frwydr galed i ennill bywoliaeth ar y tir:

I might indeed furnish my Letter with another Sort of Materials – for when I sit at my Window I am all the Farmer – then I might tell You of the Wet Season, the rot among Sheep, the Damage done the Hedges by the Starving Inhabitants of Bala …

Prin y portreadwyd y realiti hwn gan artistiaid y ddeunawfed ganrif a'r bedwaredd ganrif ar bymtheg, boed y rheini'n Gymry neu'n Saeson – a hynny er gwaethaf y ffaith fod Cymru, o bosibl, wedi denu sylw celfyddydol manylach nag unrhyw wlad arall yn Ewrop yn y cyfnod hwn. Yr oedd celfyddyd uchel yn eiddo i noddwyr yr oedd eu cyfoeth wedi'u hynysu oddi wrth anawsterau'r bobl gyffredin. Yn bur anaml y'u gwelwyd yn ymddiddori ym mywyd y werin – a hyd yn oed pan ddaeth hynny'n ffasiynol, portread siwgraidd a gyflwynwyd, er mwyn arbed eu cydwybod rhag wynebu'r realiti llym.

Cyn i fudiad y dirwedd ddatblygu tua diwedd y ddeunawfed ganrif, prin oedd delweddau gweledol o'r tir. Prinnach fyth oedd delweddau a gyflwynai lefydd mewn ffordd wrthrychol, yn hytrach na symbolaidd. Er enghraifft, tua diwedd yr Oesoedd Canol peintiwyd darlun anferth o Sant Cristoffer ar wal eglwys pentref Llanynys, sir Ddinbych. Gosododd yr arlunydd Cristoffer i sefyll mewn tirwedd a oedd yn cynnwys melin wynt. Serch hynny, nid melin leol oedd sail y darlun ond enghraifft a ddarluniwyd yn yr Almaen ar ffurf torlun pren. Ledled Ewrop yr oedd torluniau pren o'r fath yn sail i ddelweddau tebyg i furlun Llanynys.

Yn ystod yr unfed ganrif ar bymtheg a'r ganrif ddilynol portreadau a gomisiynid yn bennaf gan noddwyr Cymru, ac er y ceir ambell waith gipolwg bras ar y tir drwy ffenestr agored, anodd dysgu unrhywbeth am amaethyddiaeth y cyfnod o'u hastudio. Yn achlysurol, dewisai unigolyn gael ei ddarlunio yn yr awyr agored, megis ym mhortread Edward Herbert, Barwn Herbert 1af Chirbury. Serch hynny, mae'r caeau a'r coedwigoedd yn ei bortread yn perthyn yn nes i'r hen syniad clasurol o Arcadia nag ydynt i'w gartref yn y Mers. Yn ddiweddarach, cawn weld, o bryd i'w gilydd, olygfa gyfarwydd, megis copaon Bannau Brycheiniog, a ddarluniwyd tua diwedd yr ail ganrif ar bymtheg mewn cyfres o addurniadau ar waliau Ty Tredegyr, ond erys Arcadia fel eu gwir destun. Serch hynny, tua'r un pryd, amlygodd rhai o'r bonedd yr angen seicolegol i ailsefydlu eu hunaniaeth ar ôl ysgytwad y Rhyfeloedd Cartref, ac ymhlith y canlyniadau oedd math newydd o dirlun. Am y tro cyntaf, nid anghyson oedd

cwrdd ag anghenion symbolaidd y noddwr a darlunio'r tir ar ffurf plaen a gwrthrychol. Yn ei dirlun o Gastell Rhaglan, portreadodd Thomas Smith y castell ei hun fel adfail, ond nid felly y maenordy sylweddol a'r fferm wrth ei ochr. Yn ei cae gwelir merch yn godro buwch, a bugail yn gyrru defaid o'i flaen. Portreadodd Smith y tir o safbwynt uchel, nad oedd yn bod, mewn gwirionedd, a daeth yr arfer hwn – y darlun 'bird's-eye view' – yn ffasiynol am ryw hanner canrif. Yng Nghymru, y mwyaf o'r lluniau hyn o ran maint ac uchelgais yw hwnnw sy'n portreadu Llannerch. Cawn weld y tŷ, gyda gerddi newydd a ffasiynol o'i flaen, yn ogystal â'r tir sy'n ymestyn i'r gogledd cyn belled ag Eglwys Gadeiriol Llanelwy. Caeau bychain wedi'u hamgylchynu â gwrychoedd a choed a welir yno – tirwedd a oedd yn nodweddiadol o sir Ddinbych a llawer ardal arall hyd yr ugeinfed ganrif. Serch hynny, yn y canol gwelir melin ddŵr – melin ŷd, o bosibl, ac os felly, adeilad sy'n ein hatgoffa bod ŷ tiroedd hyn yn yr ail ganrif ar bymtheg yn cynnal cnydau yn ogystal ag anifeiliaid. Rhyfedd, felly, yw'r prinder gweithwyr yn y caeau yn nhirlun Llannerch (a thirluniau eraill tebyg). Yn aml, byddai'r caeau yn fwrlwm o weithwyr, yn chwynnu neu'n medi. Yn nhirlun Llannerch gwelir y gweithwyr yn bennaf yn cario nwyddau ar eu pennau tuag at y tŷ. Yn y caeau gwelir gwartheg hirgorn brown a du yn pori, a cheirw yn rhannu'r borfa fras gyda'r defaid, sy'n rhoi naid fach wrth glywed sŵn ci yn y lôn.

Yn agos at ganrif yn ddiweddarach datblygodd y mudiad tirlunio. Ymhlith rhagflaenwyr y mudiad hwn oedd Richard Wilson, arlunydd a ddefnyddiodd gyfrwng y tirlun yn bennaf i fynegi syniadau haniaethol am drefn gymdeithasol. Ond teg yw casglu bod ei fagwraeth yn sir Drefaldwyn wledig wedi'i alluogi i gyfleu manylion byd natur yn rhwydd – gallu a bwysleisiwyd yn arbennig gan ddeallusion fel Ruskin yn y bedwaredd ganrif ar bymtheg. Yn yr un modd, er na pheintiodd Wilson fywyd gwledig na byd amaeth yn benodol, eto yn ei ddarluniau amlygodd awydd i gyflwyno'r werin-bobl nid yn unig fel symbolau,

Harry Hughes Williams, *Haystack – Ty Mawr III, Tas Wair – Ty Mawr III* c.1929. Private collection/Casgliad preifat

in carrying loads upon their heads towards the house. Long-horned cattle, black and brown, graze in the fields and the parkland is shared between deer and a flock of sheep, who are startled by a noisy dog in the lane.

Nearly a century later, the seminal figure in the use of the Welsh landscape as a vehicle for expressing ideas was Richard Wilson. Nevertheless, his upbringing in rural Montgomeryshire must have informed his ability – so impressive to nineteenth-century aesthetes like Ruskin – also closely to observe the natural world. Though he never interpreted agricultural life, a comparable dualism manifests itself in Wilson's ability to present the common people both as symbols and, in a natural way, engaged in everyday tasks such as fishing, or cutting and gathering firewood. Nevertheless, in the works of those who followed Wilson, such as de Loutherbourg and Turner, the land as landscape reached its most extreme expression, and we are furthest removed from the realities of rural life.

However, in parallel to this high art another aspect of the land featured prominently in the commissions given to artists by those among the gentry who had fewer

intellectual pretensions. Pictures of hunting came into vogue in the eighteenth century. An early *View with Stag Hunt* at Chirk Castle depicted both riders and followers on foot. The landscape setting is extensive though it is uninformative about agriculture, except by comparison with a second picture, taken from almost exactly the same vantage point about five years later. By this time the hunting field had been flooded to form a lake, into the margins of which a herdsman wades to retrieve his goats, who drink and graze in unlikely close proximity to long-horned cattle and a horse. The hunting picture remained fashionable well into the nineteenth century and even lesser gentry houses than Chirk Castle, such as Gogerddan near Aberystwyth, might boast two or three substantial pictures. Indeed, such was their popularity that a profession of specialist painters emerged to meet the demand for them, as well as more general artisans who also painted portraits of hunters and steeplechasers. Such pictures were often inscribed with the details of the character and achievements of the horse. Closely related in style to portraits such as that of *Bumble the Carriage*

Hugh Hughes, *The Llanidloes Pig Fair, Ffair Foch Llanidloes* c.1847. Private collection/Casgliad preifat

ond hefyd yn naturiolaidd wrth eu gwaith pob-dydd, yn pysgota neu'n casglu coed tân. Serch hynny, yng ngwaith yr artistiaid a ddaeth ar ei ôl, megis de Loutherbourg a Turner, y dirwedd oedd popeth, ac i bob pwrpas diflannodd realiti caled y bywyd gwledig o'r golwg.

Ochr yn ochr â'r gelfyddyd uchel hon, a oedd yn eiddo'n bennaf i'r avant-garde ymhlith noddwyr y dydd, comisiynodd y bonedd llai deallusol eu chwaeth ddarluniau a oedd yn ymwneud â'r tir mewn ffordd wahanol. Daeth darluniau o hela'n ffasiynol yn ystod y ddeunawfed ganrif. Mewn enghraifft gynnar o'r genre, sef *View with Stag Hunt*, gwelwn Gastell y Waun a'r helfa ar garlam o'i flaen, ac yn dilyn ar droed hefyd. Ychydig a ddatgelir am ymarferion amaethyddol y cyfnod gan yr olygfa eang o'r tir, ond diddorol yw ei chymharu â thirlun a beintiwyd tua phum mlynedd yn ddiweddarach ac o'r un safle. Erbyn hynny yr oedd maes yr helfa wedi'i droi'n llyn, er mwyn gwella'r olygfa o'r castell, mae'n debyg. Gwelir bugail yn sefyll yn y dŵr yn cadw trefn ar ei eifr, sy'n yfed ac yn pori ymysg gwartheg hirgorn a cheffyl. Parhaodd darluniau o hela yn boblogaidd hyd ddiwedd y bedwaredd ganrif ar bymtheg

ac nid oedd yn anghyffredin hyd yn oed i dai bonedd llai, megis Gogerddan, ger Aberystwyth, fod â dau neu dri darlun sylweddol yn eu meddiant. Yn wir, yr oedd poblogrwydd darluniau o'r fath yn ddigon i gynnal arlunwyr arbenigol, yn ogystal â chyfrannu at fywoliaeth arlunwyr gwlad a fedrai droi eu llaw hefyd at beintio portreadau unigol o geffylau hela a rasio. Yn aml, cawn hyd i arysgrifiadau ar gefn portreadau o'r fath (ac weithiau ar wyneb y llun) sy'n nodi campau a chymeriad yr anifail. Y mae portreadau megis *Bumble the Carriage Horse with Thomas the Coachman*, a beintiwyd ar gyfer teulu o sir Gaerfyrddin, yn perthyn yn agos o ran eu harddull i bortreadau cyfoes o dda byw a defaid. Er enghraifft, ym 1844 peintiodd William Roos ddarlun o ych sy'n cynnwys hefyd ddisgrifiad cynhwysfawr o'r anifail a'i berchennog, Mr George Langford, Henfron, sir Drefaldwyn. Serch hynny, mae portreadau o'r fath yn deillio o draddodiad gwahanol i'r rheini sy'n portreadu ceffylau. Cododd y rhain yn sgil y mudiad i foderneiddio amaethyddiaeth a gydiodd yn nychymyg tirfeddianwyr ar ddiwedd y ddeunawfed ganrif. Datblygwyd bridiau newydd a chystadleuaeth ffyrnig

John Elwyn, *Dyfed August Green, Glesni Awst yn Nyfed* c.1984 © Gulian Davies

Horse with Thomas the Coachman, who worked at a Carmarthenshire house, were portraits of livestock. *The Hereford Ox*, 'Bred and Reared by Mr George Langford, Henfron, Montgomeryshire', was painted by William Roos in 1844 and accompanied by an elaborate inscription as well as a portrait of the farmer. However, these livestock portraits arose from a different tradition to those of the hunters and steeplechasers which preceded them. They were an expression of the interest in agricultural improvement in the late eighteenth century, which resulted in the development of new breeds – and in intense competition amongst breeders to produce the finest specimens. Prominent among Welsh agricultural improvers was Sir Charles Morgan of Tredegar House, whose livestock shows in the 1830s and 40s were renowned well beyond his own area of Monmouthshire. James Flewitt Mullock of Newport benefited considerably from the patronage of his circle, painting both the great man himself at *The Castleton Ploughing Match*, as well as his animals and those of his friends and neighbours.

In such pictures the common people were presented in their Sunday best, even when nominally at work. A more everyday view of the farming community of the mid-nineteenth century was provided by Hugh Hughes in his *Llanidloes Pig Fair*. Hughes' picture presents an altogether less disciplined and orderly world, and is enlivened by humour. It was painted some fifteen years before the arrival in the same area of John Thomas, whose photographs suddenly revealed the artificiality of the view of rural life presented in the images of painters

commissioned by the gentry. Undoubtedly, the shock of the real created by photography affected painters, though not always in ways immediately visible in their exhibited works. From 1850, for over half a century Clarence Whaite made hundreds of sketches of agricultural workers in their everyday lives in the fields of the Conwy Valley and the uplands to the west. However, these remarkable drawings and watercolours were made only for the artist himself. In his exhibited pictures Whaite's drawings were often transformed by being invested with symbolic meaning, but in their raw state they present the reality of labour – and especially of collective labour – better than the works of any other Welsh artist of the early period of the photograph. A typical image of sheep shearing reveals men carrying in the animals, men and women sitting together at work shearing, and women rolling and carrying away the fleeces.

In the twentieth century it became possible for artists to exhibit as finished works pictures of a similar naturalism to that of Whaite's sketches. Beginning a few years after the end of Whaite's career, in Anglesey Harry Hughes Williams painted the agricultural landscape around him in a luminous Impressionist style which sometimes makes his series of views of windmills and haystacks seem much earlier than they are. In the early 1950s, as Williams' career drew to a close, the young Ogwyn Davies demonstrated the influence of another high art movement of the nineteenth century, Realism, in his sombre depiction of *The Mangel Field*.

At this time John Elwyn and Kyffin Williams also emerged, and would become the best-known of the many artists who carried the tradition of painting the land to the end of the twentieth century. However, neither grew up working the land, and a comparison between the photographs of John Thomas and the memories of the Teifi Valley in the 1930s presented in the pictures of John Elwyn reveals the persistence of the conflicted attitudes to the subject expressed two centuries earlier in the letters of Evan Lloyd. John Elwyn combined the rosy memories of childhood with ideas about Arcadia to evoke a world from which the realities of hard labour, rewarded by poverty and tuberculosis, were expunged. Similarly, the pictures of Kyffin Williams, in which the mountain shepherd is such a common feature, also resonate with a myth – though a more specifically Welsh one. The remarkable popularity of the work of Williams demonstrates that for many people the nineteenth-century idea of the *gwerinwr* as the essence of Welshness retains its potency to this day.

Henry Clarence Whaite, *Sheepshearing, Cneifio* 1862
Private collection/Casgliad preifat

Ogwyn Davies, *The Mangel Field, Y Cae Mangls* c.1952
Collection of/Casgliad o: Mrs W. Coombe-Tennant (Dec'd)

i fagu'r anifeiliaid gorau – megis ych Henfron. Yn amlwg ymhlith y modernwyr yng Nghymru oedd Syr Charles Morgan, Ty Tredegyr. Lledodd enw da'r sioeau a noddwyd ganddo yn y 1830au a'r 1840au yn bell y tu hwnt i'w fro ei hun yn sir Fynwy. Cafodd yr arlunydd o Gasnewydd, James Flewitt Mullock, fendith ei nawdd, gan beintio'r dyn pwysig ei hun yn *The Castleton Ploughing Match*, yn ogystal â'i anifeiliaid, ac anifeiliaid tirfeddianwyr ac amaethwyr sylweddol eraill a oedd yn troi yn yr un cylchoedd ag ef.

Hyd yn oed wrth eu gwaith, mae'r werin-bobl a bortreedir yn y lluniau hyn yn gwisgo'u dillad gorau. Rhaid troi at waith yr arlunydd Hugh Hughes am ddarlun mwy naturiol, sef *Ffair Foch Llanidloes*. Nid oedd y byd mor drefnus yng nghanol Llanidloes yn y 1840au, ac awgryma hiwmor y llun i'r arlunydd gael pleser wrth ddarlunio'r testun. Peintiodd Hughes ei ddarlun ryw bymtheng mlynedd cyn i John Thomas gyrraedd yr un ardal i dynnu lluniau â'i gamera. Byddai'r rheini yn datgelu'n ddramatig mor artiffisial oedd y syniad o fywyd gwledig a gyflwynwyd gan arlunwyr y bonedd. Yn sicr, cafodd realiti ysgytwol y ffotograffau newydd effaith ddofn ar artistiaid, er nad oedd hyn bob amser yn amlwg yn y tirluniau a gafodd eu harddangos ganddynt. Er enghraifft, dros gyfnod o fwy na thrigain mlynedd ar ôl 1850 gwnaeth Clarence Whaite gannoedd o frasluniau o'r werin-bobl wrth eu gwaith pob-dydd yng nghaeau Dyffryn Conwy a'r ucheldir i'r gorllewin. Ond er ei fwyn ei hun y gwnaeth Whaite y brasluniau trawiadol hyn. Yn y darluniau olew gorffenedig a anfonwyd ganddo i arddangosfeydd yr Academi Frenhinol a sefydliadau eraill, mae'r bobl gyffredin yn amlach na pheidio wedi'u trawsffurfio'n symbolau. Serch hynny, mae'r brasluniau gwreiddiol yn cyflwyno llafur y bobl – ac yn enwedig eu llafur cymunedol – yn well na darluniau unrhyw arlunydd arall a weithiai yng Nghymru yng nghyfnod cynnar y ffotograff. Mewn braslun sy'n nodweddiadol

ohonynt oll gwelwn ddynion a merched yn cneifio ochr yn ochr â'i gilydd, gyda eraill yn cario'r defaid i mewn, ac yn rowlio'r cnu a'i gludo i ffwrdd.

Yn ystod yr ugeinfed ganrif daeth yn arferol i arddangos fel darluniau gorffenedig weithiau yr un mor wrthrychol eu bwriad â brasluniau Clarence Whaite. Gan ddechrau yn fuan ar ôl diwedd gyrfa hir Whaite, peintiodd Harry Hughes Williams ffermydd ei fro yn llawn golau a lliw, mewn arddull a ddeilliai o waith yr Argraffiadwyr. O ganlyniad i'w harddull geidwadol, yn aml cawn yr argraff fod ei ddelweddau o felinau gwynt a theisi gwair ym Môn wedi'u peintio'n gynharach na'r 1930au. Gweithiai Williams yn yr un ardal hyd ddechrau'r 1950au, ac yn y cyfnod hwnnw cyfeiriodd arlunydd o genhedlaeth newydd yntau at fudiad celfyddydol Ffrengig o'r ganrif flaenorol. Canfyddwn gysgod Millet y tu ôl i'r Ogwyn Davies ifanc wrth iddo gyflwyno llafur caled gwerin ei fro ei hun yn *The Mangel Field*.

Yn ystod yr un cyfnod gwelodd y cyhoedd weithiau John Elwyn a Kyffin Williams am y tro cyntaf. Y ddau arlunydd hyn oedd y mwyaf adnabyddus ymhlith llawer a gynhaliodd y traddodiad o ddarlunio'r tir hyd ddiwedd yr ugeinfed ganrif. Serch hynny, ni chafodd y naill na'r llall ei fagu ar y tir, a dadlennol yw cymharu ffotograffau John Thomas o Ddyffryn Teifi â darluniau John Elwyn o'r un ardal. Gan gyflwyno ei fro ar ffurf atgofion melys plentyndod, wedi'u cyfuno â hen fyth Arcadia, amlygodd John Elwyn yr un ddeuoliaeth feddyliol ag Evan Lloyd ddwy ganrif yn gynharach. Yn ei ddarluniau, prin y gwelir y llafur caled, y tlodi a'r afiechyd a oedd yn realti yn Nyffryn Teifi hyd y 1930au. Yn yr un modd yng ngwaith Kyffin Williams ceir ailwampio hen fyth, er ei fod yn fyth pur Gymreig yn ei achos ef. Dengys poblogrwydd digymar ei luniau – a bugail y mynydd mor amlwg ei ysbryd ynddynt – fod myth y werin fel sail i Gymreigrwydd yn dal ei afael yn dynn ar gyfran sylweddol – a dylanwadol – o'r genedl.

A Selection of Artists
& their Statements

Detholiad o Artistiaid
a'u Datganiadau

David Beattie
Seren Bell
Keith Bowen
Jennifer Brereton
Charles Burton
Brenda Chamberlain
George Chapman
Donna Crawshaw
Bill Davies
Ivor Davies
Ogwyn Davies

Debbie Dunbar
Edwina Ellis
John Elwyn
Anthony Evans
Stuart Evans
Dafydd Lloyd Griffith
John Howes
Darren Hughes
Evan Jon
Aneurin Jones
Cyril Jones

Graham Matthews
Sally Matthews
Lucy Melegari
Gordon Miles
Christine Mills
Eleri Mills
David Miller
Wendy Murphy
Peter Prendergast
Gwilym Pritchard
Buddig Angwili Pughe

Will Roberts
Wil Rowlands
William Selwyn
David Tress
Charles F. Tunnicliffe
Alex Williams
Catrin Williams
Harry Hughes Williams
Kyffin Williams

David Beattie

Born Nottingham
Lives Llandygwydd, near Cardigan

Geni yn Nottingham
Byw yn Llandygwydd ger Aberteifi

David Beattie is a working artist and original printmaker of over twenty-five years experience. He works from his studio/gallery in the village of Llandygwydd near Cardigan, where he produces a range of finely detailed landscape, livestock, wildlife and market studies.

He draws his inspiration from the people and everyday sights and scenes that he encounters around him in the rural environment that makes Wales unique. With an active family participating in the many events and shows of the farmer's year David never ceases to be amazed at the diversity of subjects that will prompt him to work.

Mae gan David Beattie dros bum mlynedd ar hugain o brofiad fel artist a phrintweithiwr gwreiddiol. Yn ei stiwdio/oriel ym mhentref Llandygwydd ger Aberteifi y mae'n cynhyrchu ystod o astudiaethau manwl a chain o dirluniau, da byw, bywyd gwyllt a marchnad.

Daw ei ysbrydoliaeth oddi wrth y bobl a'r golygfeydd bob-dydd y daw ar eu traws yn yr amgylchfyd gwledig sydd yn gwneud Cymru mor unigryw. Mae ei deulu brwd yn cymryd rhan mewn llawer o weithgareddau a sioeau sydd yn rhan o flwyddyn y ffermwr ac y mae David yn rhyfeddu'n ddiddiwedd at y myrddiwn o bynciau sydd yn ei ysgogi yn ei waith.

Carreg Cennen Ram

Hero

Seren Bell

Born	Tiverton, Devon	**Geni yn**	Tiverton, Dyfnaint
Lives	Borth, Ceredigion	**Byw yn**	Y Borth, Ceredigion

Seren Bell studied Fine Art and English in Exeter University and moved to Wales over 20 years ago. She is well known for her intricately detailed drawings of animals and is particularly interested in old or rare breeds of farm stock and usually places them in a landscape setting. Most of her work is in pen and ink or coloured pencil overlaid with black Indian ink.

She has exhibited widely and her work is in numerous public and private collections.

Astudiodd Seren Bell Gelfyddyd Gain ym Mhrifysgol Caerwysg a symudodd i Gymru dros 20 mlynedd yn ôl. Mae hi'n adnabyddus am ei darluniau manwl a chain o anifeiliaid ac y mae ganddi ddiddordeb arbennig mewn bridiau hynafol neu brin gan eu gosod o fewn eu cyd-destun tirluniol. Mae'r mwyafrif o'i gwaith mewn pen ac inc neu bensel liw gydag inc du'r India.

Y mae wedi arddangos yn eang ac y mae ei gwaith i'w weld mewn nifer o gasgliadau cyhoeddus a phreifat.

Keith Bowen

Born Wrexham
Lives Lanark, Scotland

Geni yn Wrecsam
Byw yn Lanark, Yr Alban

"In Wales the Past is always Present"

Hill farming is about continuity and tradition.

From the seventeenth century, hill farming was not a subsistence form of agriculture but an engine of economic wealth wrapped in strong traditional and cultural social structures.

Records show that around the Beddgelert area tenant farmers loaned money to their landlords. In the late 1600's an average of £100 was left in individual wills, with some leaving as much as £1200: a considerable fortune in those days. In the 1720's sheep numbers increased dramatically, and by the late 1700's tenant farmers around Snowdon were recorded as selling their fleeces for around 3/9d a pound: a very high price.

As with their flocks, hill farmers have their own sense of tradition, a sense of belonging, an attachment to their own landscape, routed to their place of origin: their CYNEFIN.

Today, when standing in an ancient, now silent, sheep pen, with the passing streams gurgling through the dipping pool; the echoes, traces and memories of times past become almost palpable.

These are the feelings generated by the spirit of place.

These are their songlines.

"Yng Nghymru y mae'r gorffennol bob amser yn bresennol"

Prif nodweddion ffermio mynydd yw parhad a thraddodiad.

O'r ail ganrif ar bymtheg ymlaen nid amaethu er mwyn gwneud bywoliaeth oedd yn bod: peiriant ydoedd i greu cyfoeth economaidd wedi'i lapio oddi mewn i strwythurau traddodiadol a diwylliannol cadarn.

Dengys cofnodion bod tenantiaid ffermydd yn ardal Beddgelert yn benthyca arian i'w meistri tir. Tua diwedd yr 1600au yr oedd cyfartaledd o ryw £100 yn cael ei adael mewn ewyllysiau gydag ambell un yn gadael cymaint â £1200: ffortiwn go lew yr adeg honno. Oddeutu 1720 cynyddodd nifer y defaid yn aruthrol ac erbyn diwedd y ganrif yr oedd tenantiaid ffermydd cyffiniau'r Wyddfa'n gwerthu eu gwlân am tua 3/9d y pwys: pris da iawn.

Yn union fel eu praidd y mae gan ffermwyr mynydd eu traddodiadau cynhenid, y teimlad o berthyn, ymlyniad wrth eu tirwedd eu hunain, maent yn rhan o'r pridd, eu CYNEFIN.

Heddiw, wrth sefyll mewn hen gorlan, yn fud erbyn hyn, gyda nant y mynydd yn byrlymu drwy'r pwll dipio, bron na fedrwn gyffwrdd yr atseiniau, arlliwiau ac atgofion yr oes a fu.

Cynhyrfir y teimladau yna gan ysbryd y fan.

Dyma eiriau eu cân.

Starting To Gather

Shepherd Carrying Sheep

Jennifer Brereton

Born Much Wenlock
Lives near Oswestry

Geni yn Much Wenlock
Byw yn yml Croesoswallt

Jennifer Brereton trained in fine art and started selling her work in 1992. A childhood spent on her family's farm gave Jennifer a familiarity with the behaviour of livestock and she portrays her subjects in natural situations. Those involved in farming collect the majority of Jennifer's work. Many of her subjects are found on neighbouring farms and include some show champions. Looking for subjects has been very enjoyable and has led to some unforgettable experiences as when joining the sheep gather on horseback, which resulted in both 'Epynt Sheep' and 'Jaff'.

Using a bold style of drawing Jennifer works in a variety of mediums including pencil, charcoal and oil paint. Jennifer has exhibited worldwide at various agricultural events including Field Days New Zealand, World Dairy Expo Wisconsin, The Royal Winter Fair Toronto, Fieragricola Verona and Salon International de L'Agriculture Paris as well as exhibiting regularly at British Shows.

The images are produced as limited edition prints, lithographs in editions of 500 or giclees in editions of 150. Although Jennifer does not take on commissions, she continues to add to her range paying attention to particular requests.

Cafodd Jennifer Brereton ei hyfforddi mewn celfyddyd gain gan gychwyn gwerthu ei gwaith yn 1992. Treuliodd ei phlentyndod ar fferm ei theulu a rhoddodd hyn gyfle iddi ddod yn gyfarwydd ag arferion y da byw. Mae hi'n portreadu ei gwrthrychau yn eu cynefin. Y mae'r rhan fwyaf o'r rhai sydd yn casglu ei gwaith yn ymwneud ag amaethyddiaeth. Gwelir nifer o'i gwrthrychau ar ffermydd cyfagos ac y maent yn cynnwys ambell i bencampwr sioe. Cafodd gryn fwynhad wrth chwilio am ei gwrthrychau ac arweiniodd hyn at nifer o brofiadau bythgofiadwy – megis y tro hwnnw yr aeth ar gefn ceffyl i hel defaid. Canlyniad hynny oedd 'Defaid Epynt' a 'Jaff'.

Drwy ddefnyddio dull beiddgar o arlunio y mae hi'n gweithio mewn amrywiol gyfryngau gan gynnwys pensel, golosg ac olew. Mae Jennifer wedi arddangos ei gwaith ym mhedwar ban byd mewn amryfal achlysuron amaethyddol megis Field Days yn Seland Newydd, Gŵyl Laeth Wisconsin, Ffair Aeaf Toronto, Fieragricola yn Verona a'r Salon International de L'Agriculture ym Mharis – yn ogystal, wrth gwrs, ag ymddangos yn rheolaidd yn Sioeau Prydain.

Printiau o nifer cyfyngedig yw'r holl ddelweddau, lithograffau wedi eu cyfyngu i 500 neu giclees mewn rhifynnau o 150. Er nad yw hi'n derbyn comisiynau y mae hi'n parhau i ychwanegu at ei detholiad ac yn barod i wrando ar unrhyw gais.

Cows

Jaff   *Epynt Sheep*

Charles Burton

Born Treherbert in the Rhondda Valley
Lives Penarth, near Cardiff

Geni yn Nhreherbert yng Nghwm Rhondda
Byw ym Mhenarth ger Caerdydd

Charles Burton's father was for many years an unemployed miner following the General Strike of 1926 and although poor, the family was very supportive in encouraging his artistic inclinations. After National Service, he went to the Royal College of Art in 1953 and paid his way for the first year by selling his paintings. He was awarded a Royal Scholarship, and in 1954 won the Gold Medal at the Royal National Eisteddfod, perhaps the youngest winner ever of this prestigious award. In the early 1950s Charles Burton was one of the central figures in the Rhondda Group of painters, all young, all engrossed in painting and drawing, with the Valleys as their subject matter. *"We were fanatically keen,"* he wrote.

In 1956, at a remarkably young age, he was appointed Head of the Department of Art at Liverpool College of Art, a post he held for fifteen years before returning to Wales to take up a similar position. In the last few years he has featured in several solo exhibitions as well as a Retrospective of fifty years' work, all of which have consolidated his unquestioned reputation as one of the outstanding Welsh artists of the last half century.

Yn dilyn Streic Gyffredinol 1926 bu tad Charles Burton yn lowr allan o waith am flynyddoedd lawer ac er bod y teulu'n dlawd cafodd Charles bob cefnogaeth yn ei awydd i ddilyn ei dueddiadau artistig. Wedi Gwasanaeth Cenedlaethol aeth i'r Coleg Celf Brenhinol yn 1953 gan dalu ei ffordd drwy werthu ei beintiadau. Dyfarnwyd iddo Ysgoloriaeth Frenhinol ac yn 1954 enillodd y Fedal Aur yn yr Eisteddfod Genedlaethol, o bosib' yr ieuengaf erioed i ennill y wobr bwysig hon. Yn y 1950au cynnar yr oedd Charles Burton yn un o'r aelodau mwyaf allweddol yng Ngrŵp y Rhondda, pob un yn ifanc, pob un wedi llwyr ymgolli yn y wefr o beintio ac arlunio. Eu prif bwnc oedd y Cymoedd. Meddai, *"Yr oeddym i gyd yn benboeth o frwdfrydig."*

Yn 1956, ac yntau onid ifanc iawn, fe'i penodwyd yn Bennaeth yr Adran Gelf yng Ngholeg Celf Lerpwl, swydd a ddaliodd am bymtheg mlynedd cyn dychwelyd i Gymru i ymgymryd â swydd gyffelyb. Yn ystod y blynyddoedd diwethaf y mae wedi cael nifer o arddangosfeydd unigol yn ogystal ag un yn edrych yn ôl ar hanner can mlynedd o waith, pob un yn cadarnhau ei enw da fel un o artistiaid eithriadol Cymru yn ystod yr hanner canrif aeth heibio.

Sheep on the Rhigos Road, The Rhondda, 1950

Coal Train in the Rhondda Valley, 1949

Brenda Chamberlain

1912–1971

1912–1971

Brenda Chamberlain was a writer and artist who was born in Bangor. While at the Royal Academy Schools in the 1930's she met the artist John Petts and they moved to live in Llanllechid near Bangor. Whilst there, John Petts set up the Caseg Press and the pictures shown are produced from that period. Many of them were made into Greetings and Christmas Cards

After the war, she and John Petts separated and she moved to Bardsey Island where she lived for 16 years. Whilst there she wrote 'Tide-Race' a fictionalised account of life on the island and produced a strong body of figurative painting and a series of abstract work based on the metamorphosis of bodies in the sea.

From Bardsey, she moved to the Greek island of Hydra for 5 years before returning to Bangor where she died in 1971.

Ganwyd yr artist a'r llenor Brenda Chamberlain ym Mangor. Pan oedd yn Ysgolion yr Academi Frenhinol yn y 1930au cyfarfu â'r artist John Petts a symudodd y ddau i fyw i Lanllechid ger Bangor. Dyma pryd y sefydlodd John Petts Wasg y Gaseg a darluniau o'r cyfnod hwnnw welir. Gwnaed nifer ohonynt yn gardiau Cyfarch a chardiau Nadolig.

Gwahanodd y ddau ar ôl y rhyfel a symudodd hi i Ynys Enlli lle bu'n byw am 16 mlynedd. Yno yr ysgrifennodd 'Tide Race' sef disgrifiad dychmygol o fywyd ar yr ynys. Cynhyrchodd hefyd gorff cryf o beintiadau ffigurol a chyfres o waith haniaethol wedi'i seilio ar y modd yr oedd cyrff yn trawsnewid yn y môr.

O Enlli mudodd i Hydra, un o ynysoedd Gwlad Groeg ond ymhen pum mlynedd dychwelodd i Fangor lle y bu farw yn 1971.

Woman at the Well, 1940s. Private collection

The Harvesters, 1940s. Private collection

George Chapman

1908–1993

1908–1993

George Chapman was born in East Ham, London. He trained at Gravesend School of Art and spent much of his early career designing advertising campaigns for clients such as Shell-Mex and London Transport.

His first visit to Wales was in 1952 when he and his wife, Kate, accompanied friends, Alex Potter, a professor in architecture, and his wife, Elizabeth, to buy Gors Fach, a house in Pennant near Cardigan. This led to further visits to the area and in 1953 George and Kate started spending more of their time in Wales until they settled in Aberaeron in 1964.

He discovered the Rhondda Valley in 1953 and was drawn by the industrial south Wales landscape which inspired his work until his death. The works in the exhibition represent rare examples of the work he created in rural Wales.

Ganwyd George Chapman yn East Ham, Llundain. Fe'i hyfforddwyd yn Ysgol Gelf Gravesend a threuliodd lawer o'i yrfa gynnar yn dylunio ymgyrchoedd hysbysebu ar gyfer cwsmeriaid megis Shell-Mex a London Transport.

Yn 1952 y talodd ei ymweliad cyntaf â Chymru pan ddaeth ef a Kate, ei wraig, gyda'u ffrindiau Alex Potter, Athro mewn pensaerniaeth, a'i wraig Elizabeth, i brynu'r Gors Fach, tŷ ym Mhennant ger Aberteifi. Arweiniodd hyn at ymweliadau pellach ac yn 1953 dechreuodd George a Kate dreulio mwy o'u hamser yng Nghymru nes penderfynu ymsefydlu yn Aberaeron yn 1964.

Darganfu Gwm Rhondda yn 1953 a chafodd ei hudo gan dirwedd diwydiannol de Cymru. Bu'n ysbrydoliaeth iddo hyd ddiwedd ei oes. Y mae'r gwaith a welir yn yr arddangosfa hon yn cynrychioli enghreifftiau prin o'r gwaith a wnaeth yng nghefn gwlad Cymru.

Landscape at Pennant, 1953. Collection of University of Wales, Aberystwyth

Donna Crawshaw

Born Woking, Surrey
Lives Llanddeusant, Carmarthenshire

Geni yn Woking, Surrey
Byw yn Llanddeusant, Sir Gaerfyrddin

My inspiration and subject matter are drawn from many sources. The most important and exciting being light and shadow. The ever changing shadows of clouds following the contours of The Black Mountain, or dappled light on the backs of a couple of Aylesbury ducks under a shady tree, or even a shaft of sunlight catching the straw in a cool barn where the chickens scratch around on the dusty floor, their colourful feathers intensified in the sunlight.

Striving to achieve this element in my paintings keeps me moving forward. Animals play a large part in my work. I have always loved animals of all sorts and keep a menagerie at home where I work, as immediate reference material. My terriers pop up time and time again in my paintings as do the poultry and sheep on our smallholding.

Living in the beautiful lush countryside of Llanddeusant, on the edge of The Black Mountain, with Red Kites and Buzzards flying ovehead and farm animals grazing in the fields, I cannot fail to be inspired by my surroundings.

I am a member of The Society of Equestrian Artists and of The Society of Women Artists. My work sells in galleries all over the country and abroad. I also do commissions of animals and landscapes.

Daw f'ysbrydoliaeth a'm syniadau o bob math o ffynonellau. Y pwysicaf a'r mwyaf cyffrous yw goleuni a chysgod: cysgodion cyfnewidiol y cymylau wrth ddilyn cyfuchliniau'r Mynydd Du, neu'r wawl symudliw ar gefnblu cwpl o hwyiaid Aylesbury dan gysgod coeden, neu hyd yn oed belydr o heulwen yn rhoi llewyrch i'r gwellt mewn ysgubor glaear lle mae'r ieir yn crafu yn y lloriau llychlyd a'u plu'n sgleinio yn yr haul.

Caf yr hwb i symud ymlaen drwy ymgeisio i gyrraedd yr elfennau hyn yn fy mheintiadau. Mae anifeiliaid yn bwysig iawn yn fy ngwaith. Yr wyf wedi gwirioni ar bob math o anifeiliaid erioed ac yr wyf yn cadw milodfa ohonynt gartref lle'r wyf yn gweithio gan fod yr awen yn deillio ohonynt yn aml iawn. Mae fy naeargwn yn ymddangos dro ar ôl tro yn fy ngwaith, felly hefyd y da bluog a'r defaid ar ein tyddyn.

Sut y medrwn beidio â chael f'ysbrydoli wrth fyw mewn ardal mor ogoneddus a Llanddeusant, wrth droed y Mynydd Du, gyda'r barcud coch a'r boda'n cyhwfan uwchben a'r anifeiliaid yn pori ar y caeau.

Yr wyf yn aelod o'r Gymdeithas o Artistiaid Marchogol ac o Gymdeithas o Artistiaid Benywaidd. Mae fy ngwaith yn cael ei werthu mewn orielau ar hyd y wlad a thramor. Yr wyf hefyd yn derbyn comisiynau i beintio anifeiliaid a thirluniau.

Tamworth Pig and Apples

Mixed Poulty

Sheep near Llyn-y-fan

The Village Pond

Bill Davies

Born Old Colwyn, Conwy
Lives Eardisley, Herefordshire

Geni yn Hen Gwolyn
Byw yn Eardisley, Swydd Henffordd

As an architect I have for many years been fascinated by the simplicity, logic and beauty of folk building, both in Wales and throughout Europe. Although clearly such buildings belong to a different time and culture, I feel we can still today learn much from their response to place and climate. To appreciate their quality, however, it is not enough to just look or even photograph…to fully understand there is no better way than by sketching.

Drawing inevitably requires careful observation and when assessing buildings, it gives a better understanding of structure, materials and context. In attempting through drawing to discern the particular characteristics of our folk heritage, I have been influenced by many artists: initially Hugh Casson, then John Blockley and Roland Hilder and later by Paul Hogarth and Andrew Wyeth. Each of these, is in his own way, highly successful in interpreting the essence of place. For architecture is more than the building and a simple understanding of its context…folk buildings respond to land and climate…and drawing shows clearly the importance of detail… boundry walls, hedges, trees, gates, farm equipment and above all animals and people.

The failure to recognise the importance of these subtleties contributes significantly, allied to frequently inappropriate materials and overcomplicated forms, to the loss of a valid regional identity and the insensitity of so much of our recent development.

Fel pensaer yr wyf ers llawer blwyddyn bellach wedi cael fy swyno gan symlrwydd, rhesymeg a harddwch adeiladau gwerin, nid yn unig yng Nghymru ond trwy Ewrop drwyddi draw hefyd. Mae'n amlwg bod yr adeiladau hyn i gyd yn perthyn i wahanol gyfnodau a gwahanol ddiwylliannau, ond er hynny teimlaf y medrwn hyd yn oed heddiw ddysgu cryn dipyn oddi wrth y modd y maent yn ymdoddi i le ac i hinsawdd. Fodd bynnag, i werthfawrogi eu hansawdd nid digon yw edrych arnynt neu dynnu llun ohonynt…i'w llawn ddeall nid oes dim byd gwell na mynd ati i'w braslunio.

Yn anochel y mae unrhyw fath o arlunio'n golygu astudiaeth ofalus ac wrth asesu adeiladau y mae'n golygu gwell dealltwriaeth o strwythur, deunydd a chyd-destun. Wrth geisio, drwy arlunio, ddirnad nodweddion arbennig ein hetifeddiaeth werinol, yr wyf wedi dod dan ddylanwad nifer o artistiaid: yn gyntaf Hugh Casson, yna John Blockley a Roland Hilder ac yn ddiweddarach Paul Hogarth ac Andrew Wyeth. Y mae pob un ohonynt, yn ei ffordd ei hun, yn hynod o lwyddiannus wrth ddadansoddi hanfod lle. Oherwydd y mae pensaerniaeth yn fwy na'r adeilad er mwyn synhwyro ei gyd-destun…mae adeiladau gwerin yn ymateb i dir a hinsawdd…drwy arlunio'n tanlinellu pwysigrwydd manylder…waliau terfyn, gwrychoedd, coed, clwydi, offer fferm ac yn bennaf oll, anifeiliaid a phobl.

Methu â dirnad pwysigrwydd yr aniffinioldeb hwn yw un o'r rhesymau paham bod rhanbarthau'n colli eu hunaniaeth unigryw, heb sôn am y deunyddiau anaddas a ddefnyddir ynghŷd â'r ffurfiau cymhleth a diffyg sensitifrwydd ein datblygiadau cyfoes.

Ivor Davies

Born Treharris, Glamorgan
Lives Penarth, Near Cardiff

Geni yn Nhreharris, Sir Forgannwg
Byw ym Mhenarth ger Caerdydd

Ivor Davies has an international reputation as an artist and art critic and his work has been exhibited in numerous countries worldwide. In 2002, he won the Gold Medal for Fine Art at the National Eisteddfod of Wales. He is well known for his still life paintings and his dramatic canvases exploring myths and contemporary issues affecting the language, culture and politics in Wales.

"Works of art are embodiments of an idea. Often the idea represents a community of feelings held by all in common, even a body of people organised loosely into a social or political entity. Without realising it an artist depends on where he thinks he belongs in spirit or place.

In 1940 the government commandeered 54 homes on the Epynt in order to use most of the mountain as a military range. Families were driven out of their homes, about 219 people with children, being given very short notice. Like many other injustices, the history of what happened was overlooked or forgotten, even among Welsh people.

The vision of this uprooting and erasing is concentrated into my picture. I mined red earth from that place where the army is still firing today, and the earth continues to fall from the picture into the hollow frame.

The meaning of the name 'Epynt' is 'path of the horses' from the root eb + hynt. Eb is the same element as in ebol , (colt), from a Celtic word for horse (epos and equos). Epona was the goddess of horses, the equivalent of Rhiannon who could not be overtaken. She is represented with a horse."

Mae i Ivor Davies enwogrwydd rhyngwladol fel artist a beirniad ac y mae ei waith wedi cael ei arddangos mewn nifer o wledydd ar draws y byd. Yn 2002 ef oedd enillydd Y Fedal Aur am Gelfyddyd Gain yn yr Eisteddfod Genedlaethol. Mae'n adnabyddus am ei beintiadau bywyd llonydd a'i ganfasau dramatig yn edrych ar fytholeg a materion cyfoes yn ymwneud ag iaith, diwylliant a gwleidyddiaeth Cymru.

"Ymgorffori syniadau y mae gwaith celf. Yn aml bydd y syniad yn cynrychioli casgliad o syniadau a ddelir gan bawb yn gyffredin, hyd yn oed corff o bobl sydd wedi eu dosbarthu'n llac i undod cymdeithasol neu wleidyddol. Yn ddiarwybod i'r artist bydd yn dibynnu ar ble y mae'n meddwl ei fod yn perthyn o ran ysbryd neu fangre.

Yn 1940 meddiannwyd 54 o gartrefi ar yr Epynt gan y llywodraeth er mwyn defnyddio rhan helaeth o'r mynydd fel maes ymarfer milwrol. Gyrrwyd y teuluoedd, tua 219 o oedolion a phlant, o'u cartrefi ar fyr rybudd. Megis aml i enghraifft arall o annhegwch aeth yr hanes yn angof, hyd yn oed ymhlith y Cymry.

Yn fy llun yr wyf wedi crynhoi'r dadwreiddio a'r anghofrwydd. Cloddiais y pridd coch o'r union fan lle mae'r fyddin yn dal i danio ac y mae'r pridd yn dal i gwympo o'r llun i'r ffrâm gwag. Ystyr y gair Epynt yw 'llwybr ceffylau' o'r gwreiddair eb + hynt. Yr un yw'r Eb â'r elfen yn ebol o'r Frythoneg epos ac equos sef ceffyl. Epona oedd duwies y ceffylau yn cyfateb i Rhiannon, y ferch na ellid ei goddiweddyd. Cynrychiolir hi gan geffyl."

Sheep, Defaid

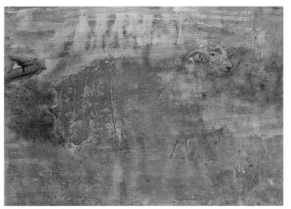

A Sheep, Defad

Epynt

Ogwyn Davies

Born Trebannws, Swansea Valley
Lives Tregaron, Ceredigion

Geni yn Trebannws Cwmtawe
Byw yn Nhregaron, Ceredigion

Ogwyn Davies is well known for his compositions combining image and language which frequently carry a political message with regard to Wales and the Welsh language.

He has always had an interest in the organisation of shape and form and his recent works depict the barns and farm outbuildings that abound in Wales. His work reflects the many classic still life compositions in art history by exploring the shapes and endless combination of doors, windows, roofs and coloured walls which, at times, appear almost abstract in the forms that he creates.

Because of endless years of observing buildings, these current compositions are created from memory and reflect the mood rather than the reality of the landscape around him.

Mae cyfansoddiadau Ogwyn Davies yn adnabyddus oherwydd ei fod yn cyfuno delwedd ac iaith ac yn amlach na pheidio'n cynnwys neges wleidyddol parthed Cymru a'r iaith Gymraeg.

Bu ganddo bob amser diddordeb yng nghyfundrefn ffurf a siâp ac y mae ei waith diweddar yn darlunio ysguboriau ac adeiladau allanol amaethyddol sydd mor niferus yng Nghymru. Mae ei waith yn adlewyrchu'r tryfrith o gyfansoddiadau bywyd llonydd clasurol sydd i'w gweld mewn hanes celf drwy ymchwilio i ffurfiau a chyfuniadau dibendraw o ddrysau, ffenestri, toau a waliau lliw sydd, ar brydiau, yn ymddangos bron yn haniaethol yn ei waith.

Oherwydd blynyddoedd diddiwedd o sylwi ar adeiladau y mae'r cyfansoddiadau cyfredol hyn wedi cael eu creu o'r cof ac yn adlewyrchu naws yn hytrach na realaeth y tirwedd o'i gwmpas.

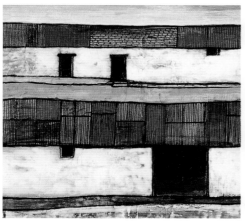 

Debbie Dunbar

Born Warwickshire
Lives nr Newscastle Emlyn, Carmarthenshire

Geni yn Swydd Warwig
Byw yn yml Castell Newydd Emlyn, Sir Gaerfyrddin

Brought up in a traditional, leafy village in Warwickshire, Debbie cannot remember a time when she did not draw and paint, and has vivid memories of sketching the pony that lived on the village green, rewarding her "sitter" with endless bribes of carrots! As a teenager she worked weekends in exchange for riding lessons on a retired polo pony and it was in large part due to the support of her friend Dorothy Balding who encouraged her to use her talents that she decided to combine a career in art with her passion for horses.

Debbie moved to beautiful West Wales, homeland of the Welsh Cob, in 1986. Horses have always played a major role in Debbie's life, from her first mountain pony when she was seven years old, right up to today, keeping a small stud of Welsh cobs and part bred horses in partnership with her husband. This gives her the opportunity to observe and study their anatomy and movement as well as the way they live and interact, which Debbie feels is absolutely vital to portray horses accurately.

She is particularly known for her ability to capture the horse's presence and movement. Debbie enjoys painting other animals to vary her work, and has a keen interest in human portraiture, but always returns to her horses. Her work is now in private collections around the world. Closer to home she is proud and honoured that recent works have included commissions for H.R.H. Prince of Wales, The King's Troop and the Welsh Pony and Cob Society. Debbie is always willing to discuss commissioned work and undertakes a few commissions annually.

Magwyd Debbie mewn pentre traddodiadol deiliog yn Swydd Warwig ac y mae hi wedi bod yn peintio ac arlunio er cyn cof. Mae ganddi gof byw o wneud lluniau o'r ferlen oedd yn byw ac yn bod ar grin y pentre gan ei llwgrwobrwyo gyda dogn diddiwedd o foron! Yn ei harddegau bu'n gweithio yn ystod y penwythnosau yn gyfnewid am wersi marchogaeth ar ferlen bolo wedi ymddeol a thrwy gefnogaeth ei ffrind Dorothy Balding yn bennaf anogwyd hi i ddefnyddio ei doniau a phenderfynodd gyfuno gyrfa mewn arlunio gyda'i chariad at geffylau.

Yn 1986 symudodd Debbie i ardal hardd gorllewin Cymru, cynefin y Cob Cymreig. Mae ceffylau wedi chwarae rhan bwysig ym mywyd Debbie erioed, o'i merlen fynydd gyntaf pan oedd yn saith oed hyd heddiw gan ei bod yn cadw stabl fechan o gobiau Cymreig a cheffylau hanner brid mewn partneriaeth â'i phriod. Mae hyn yn rhoi cyfle iddi sylwi ar ac astudio eu hanatomeg a'u symudiadau yn ogystal â'r modd y maent yn byw ac yn rhyngweithio. Mae Debbie'n teimlo bod hyn yn gwbl hanfodol er mwyn portreadu ceffylau'n iawn.

Mae hi'n arbennig o adnabyddus am ei gallu i bortreadu anian a symudiad y ceffyl ac y mae hi hefyd yn mwynhau peintio anifeiliaid eraill er mwyn amrywio ei gwaith ychydig. Ond er bod ganddi ddiddordeb ysig mewn portreadu pobl y mae hi'n dychwelyd at y ceffyl bob tro. Y mae ei gwaith erbyn hyn mewn nifer o gasgliadau preifat ym mhedwar ban byd. Mae hi hefyd yn ei theimlo'n fraint bod peth o'i gwaith diweddaraf wedi cael ei gomisiynu gan Ei Fawrhydi Tywysog Cymru, gan Farchoglu'r Brenin a chan Gymdeithas Merlod a Chobiau Cymru. Y mae hi bob amser yn barod i drafod gwaith comisiwn ac yn cwblhau nifer yn flynyddol.

Shire Ribbons

Welsh Black Bull

Edwina Ellis

Born Sydney, Australia
Lives Ystrad Meurig, Ceredigion

Geni yn Sydney, Awstralia
Byw yn Ystrad Meurig, Ceredigion

Edwina Ellis is an established printmaker who has lived in Wales for 12 years. She has exhibited widely and has work in numerous Public Collections in Britain, Australia and America. Her most recent commission was to design a new series of one pound coins for The Royal Mint.

"Things grow slowly. So do my engravings. The evolution and inspiration of Welsh gardens have influenced both my work and the garden I am making in the Mid-Welsh hills. The low Ph of the soil has necessitated a voyage of discovery which, like most good journeys, returns one home: the Australian bush shrubs have a compatibility with this Welsh soil. This makes a fitting personal metaphor for the extent of the contribution of Welsh culture to my own".

Mae Edwina Ellis yn brintweithwraig brofiadol ac wedi byw yng Nghymru am 12 mlynedd bellach. Bu'n arddangos yn eang a gwelir ei gwaith mewn nifer o Gasgliadau Cyhoeddus ym Mhrydain, Awstralia ac America. Ei chomisiwn diweddaraf oedd dylunio cyfres newydd o ddarnau punt i'r Bathdy Brenhinol.

"Yn araf y mae pethau'n tyfu. Felly hefyd f'ysgythriadau. Y mae datblygiad ac ysbrydoliaeth gerddi Cymru wedi dylanwadu ar fy ngwaith ac ar yr ardd yr wyf yn ceisio ei chreu ym mryniau canolbarth Cymru. Y mae Ph isel y pridd wedi esgor ar ddarganfyddiadau newydd ac yn dod â mi'n ôl at fy nghoed bob tro. Y mae yna ieuo cymharus rhwng llwyni gwylltir Awstralia a phridd Cymru. Mae hyn yn creu trosiad addas i egluro sut y mae diwylliant Cymru wedi asio â'm diwylliant fy hun."

Parterre, Llanerchaeron

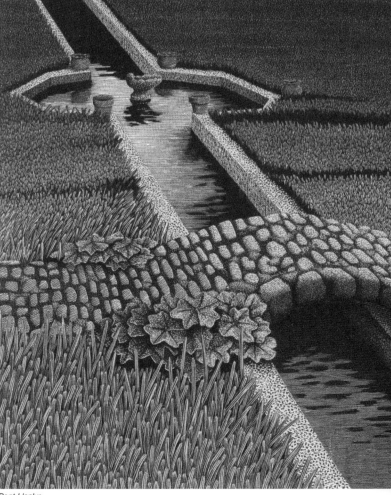

Pont Llanlyr

John Elwyn

1916–1997   1916–1997

John Elwyn was born in Adpar, Newcastle Emlyn in Cardiganshire where his poet father managed the Emlyn Woollen Mill. He trained at Carmarthen School of Art and later at The Royal College of Art. He first worked as a graphic designer in London then moved to Portsmouth where he taught at the College of Art. In 1953 he moved to the School of Art in Winchester where he taught for 23 years and lived for the rest of his life. Much of his subject matter is based on memories of his childhood in Cardiganshire, the farms, the people, the local communities at work and play.

His paintings are gentle and romantic – many of his landscapes show golden fields, contented hens being fed and cattle winding their way homeward. He made many paintings showing the change of the farming season and light at different times of the day. He was a prolific artist with works in many collections both public and private.

Ganwyd John Emlyn yn Adpar, Castell Newydd Emlyn yn Sir Aberteifi, lle'r oedd ei dad, a oedd yn fardd, yn rheoli Melin Wlân Emlyn. Hyfforddwyd ef yn Ysgol Gelf Caerfyrddin ac yn ddiweddarach yn y Coleg Celf Brenhinol. Bu'n gweithio ar y dechrau fel dylunydd graffig yn y Llundain cyn symud i Portsmouth lle bu'n athro yn Coleg Celf. Yn 1953 mudodd i Ysgol Gelf Caerwynt lle bu'n dysgu am 23 mlynedd a byw yno am weddill ei fywyd. Y mae llawer o'i ddarluniau wedi eu seilio ar atgofion plentyndod yn Sir Aberteifi, y ffermydd, y bobl, y cymunedau lleol yn gweithio ac yn hamddena.

Mae ei beintiadau'n dyner a rhamantus – llawer o'i dirluniau'n arddangos meysydd euraid, ieir diddig yn cael eu bwydo a gwartheg yn dirwyn eu ffordd tuag adre. Peintiodd lawer o luniau'n dangos y newidiadau yn y tymhorau amaethyddol a'r modd y mae golau'n newid ar wahanol adegau o'r dydd. Yr oedd yn artist toreithiog dros ben ac y mae llawer o'i waith mewn casgliadau cyhoeddus a phreifat.

The Farmer's Wife, 1953. Private collection

Anthony Evans

Born Cross Hands, Carmarthenshire
Lives Cardiff

Geni yn Crosshands, Sir Gaerfyrddin
Byw yng Nghaerdydd

Feelings, emotion, dreams, memories and the landscapes of Wales; these are the main themes that underpin my work.

Using familiar and ordinary concepts I attempt to create a visual language of symbols, signs and colour through which I can make sense of the world and life in general.

An integral part of the creative process for me is to rediscover hidden and forgotten paths that have played an important part in my life and in doing so tell a story of that journey.

Through the use of memory and the investigations of past incidents, I find it possible to establish an identity and record a narrative of the self.

One composition describes a farm, Gwarllwyneidos, and its surrounding landscape and it is drawn from memory. This is where my grandparents lived and where my Mother grew up. It was here that I spent many childhood holidays with my brothers and cousins. This is the Cardiganshire of my childhood. If there is a well where ideas lie waiting to be discovered this, for me, is where it is.

Teimladau, emosiwn, breuddwydion a thirwedd Cymru; dyna'r elfennau pennaf sydd yn sail i'm gweledigaeth i fel arlunydd.

Drwy ddefnyddio syniadau cyffredin a chyfarwydd yr wyf yn ceisio creu iaith weledol o symbolau, arwyddion a lliw a thrwyddynt medraf wneud synnwyr o'r byd a bywyd yn ei gyfanrwydd. Rhan bwysig o'r broses greadigol i mi yw ail gerdded hen lwybrau anghofiedig a chwaraeodd ran bwysig yn fy mywyd a thrwy hynny ddweud stori.

Drwy gyfrwng atgofion a myfyrio dros ddigwyddiadau'r gorffennol y mae hi'n bosibl sefydlu hunaniaeth a chofnodi hanesyn yr unigolyn.

Mae un cyfansoddiad yn disgrifio fferm Gwarllwyneidos a'r tirwedd o'i chwmpas ac fe'i harluniais o'r cof. Dyma lle'r oedd fy nhadcu a mamgu'n byw a lle y magwyd fy mam. Yma y treuliais wyliau plentyndod yng nghwmni fy mrodyr a'm cefndryd. Dyma Sir Aberteifi fy maboed. Os oes yna ffynnon llawn syniadau yn aros am eu darganfod, yma y mae hi.

Hafod ac Hendre

Lawr O'r Mynydd

Stuart Evans

Born Abergwili, Carmarthen
Lives Borth

Geni yn Abergwili, Caerfyrddin
Byw yn y Borth

I have worked as a designer and technician at Ceredigion Museum, Aberystwyth for the past twenty seven years. This has influenced my art work and my relationship with the mid Wales landscape and its history.

More recently I have been looking at the mid and north Wales landscape and particularly the slate industry in Wales. I have completed two long walks across Wales, the first from Aberystwyth to Llanberis and the second from Aberystwyth to Shrewsbury. Both times I recorded the journey by making sketches, watercolour paintings and photographing the landscape.

On returning to my home I have used these images to make lino cut prints. The journey north from my home took me through Corris and I have returned many times to look at the slate fences, beautifully carved grave stones, in the chapel grave yard, and the houses and slate quarries.

I was invited in 2000 to exhibit these images in Vermont USA as part of a Welsh festival, as some of the slate quarry workers of north Wales emigrated to New England during the 19th Century. Since returning I have been working on images of slate works in Vermont.

Am y saith mlynedd ar hugain diwethaf yr wyf wedi bod yn gweithio fel dylunydd a thechnegydd yn Amgueddfa Ceredigion yn Aberystwyth. Mae hyn wedi dylanwadu ar fy ngwaith celfyddydol yn ogystal a'm perthynas gyda thirwedd a hanes canolbarth Cymru.

Yn fwy diweddar yr wyf wedi bod yn edrych ar dirwedd canolbarth a gogledd Cymru ac yn fwy arbennig ar y diwydiant llechi yng Nghymru. Yr wyf wedi cwblhau dwy daith gerdded hir ar draws Cymru, y gyntaf o Aberystwyth i Lanberis a'r ail o Aberystwyth i'r Amwythig. Yn ystod y ddwy daith cofnodais y siwrne drwy wneud brasluniau, peintiadau dyfrliw a thynnu lluniau camera.

Wedi dychwelyd adre defnyddiais y delweddau hyn i wneud torluniau leino. Aeth fy nhaith i'r gogledd â mi drwy Gorris ac yr wyf wedi mynd yn ôl yno lawer gwaith er mwyn edrych ar y ffensys llechi, y cerrig beddau a naddwyd mor gywrain ym mynwent y capel, y tai a'r chwareli llechi.

Cefais fy ngwahodd yn 2000 i arddangos y delweddau hyn yn Vermont UDA fel rhan o ŵyl Gymreig. Ymfudodd rhai o chwarelwyr gogledd Cymru i Loegr Newydd yn y 19eg ganrif. Oddi ar hynny yr wyf wedi bod yn gweithio ar ddelweddau o waith llechi yn Vermont.

Slate fence, Corris

Slate sheep pen, Corris

Slate fence, Corris

Dafydd Lloyd Griffith

Born Colwyn Bay
Lives Abergele

Geni yn Mae Colwyn
Byw yn Abergele

Dafydd Lloyd Griffith is an artist closely associated with the landscape of the Conwy Valley and North Wales where his distinctive works have been admired in many solo and mixed exhibitions. He has also featured in the leading John Davies Gallery of Stow on the Wold, on the first occasion in 2001 in an exhibition called The Pure Landscape.

Currently he is an art tutor for Denbighshire County Council and holds a similar post for WEA, Bangor University. Last year he was also a tutor in drawing at the Mostyn Art Gallery. Dafydd Lloyd Griffith paints directly on to board or canvas, and works on location. He has written:

"The emotional response I experience from landscape is fundamental to my creative process. Simply – if I did not love the landscape I could not paint it. Artists need adrenalin blows – I experience mine through nature."

Mae gan Dafydd Lloyd Griffith gysylltiad agos gyda thirwedd Dyffryn Conwy a gogledd Cymru'n gyffredinol ac y mae ei waith arbennig wedi ennyn edmygedd mewn nifer o arddangosfeydd unigol a chymysgryw. Cafodd ei nodweddu hefyd yn Oriel flaengar John Davies yn Stow on the Wold am y tro cyntaf yn 2001 – mewn arddangosfa o'r enw The Pure Landscape.

Ar hyn o bryd y mae'n diwtor celf i Gyngor Sir Ddinbych ac y mae ganddo hefyd swydd gyffelyb dan nawdd CAG ym Mhrifysgol Bangor. Llynedd yr oedd hefyd yn diwtor mewn arlunio yn Oriel Mostyn. Mae Dafydd Lloyd Griffith yn peintio'n syth ar fwrdd neu ganfas ac yn gweithio yn y fan a'r lle. Meddai:

"Y mae'r ymateb emosiynol a gaf o dirwedd yn hanfodol i'm gallu i greu. Yn syml – pe na bawn yn caru'r tirwedd ni fedrwn ei beintio. Mae chwistrelliad o adrenalin yn hollbwysig i artist – ac i mi y mae'n deillio o fyd natur."

Winter: Nant-Dulas, 2002

John Howes

Born London
Lives Blaen Egel, Pontardawe

Geni yn Llundain
Byw yn Blaen Egel, Pontardawe

For the last thirty years John Howes has lived on the Gwrhyd Mountain just northwest of Pontardawe in the upper Swansea Valley, combining a career as artist, designer, lecturer, musician and farmer.

The 70 acre farm of Blaen Egel is typical of the marginal farming that comprises much of the agricultural landscape of Wales and is stocked with sheep with most of the land put down to grass for forage and conservation. He has a concern for this landscape and for the protection of the environment and it has provided inspiration for much of his creative output. In 1996, having paid off the mortgage, he received a parcel through the post from the building society enclosing the title deeds to the property. This set of documents was to prove the catalyst for the creation of the latest series of works exploring the processes of management, documentation and representation of agricultural landscapes.

Agriculture and aesthetics meet at the apprehension of pattern and coherence in landscapes that have been shaped with human agency. Land Art often engages with certain techniques and crafts of land cultivation, revealing dimensions of meaning and association latent within them. Being both farmer as well as artist, John Howes has valuable insights into this cross-fertilisation of concerns. The land is a vast nexus of signs whose meanings are integral to their material embodiment. Words and objects, map references and actual sites are brought into juxtaposition in Howes' work that gives them a mutually transformative influence.

Yn ystod y deng mlynedd ar hugain diwethaf y mae John Howes wedi byw ym Mynyddoedd y Gwrhyd i'r gogledd orllewin o Bontardawe yng Nghwm Tawe, gan gyfuno gyrfa fel artist, dylunydd, darlithydd, cerddor ac amaethwr.

Mae Blaen Egel, fferm 70 erw, yn nodweddiadol o'r amaethu ymylol a welir drwy Gymru benbaladr gyda'i phraidd o ddefaid a'r rhan fwyaf o'r erwau'n dir pori neu at bwrpas cadwraeth. Mae ganddo ddiddordeb arbennig yn y tirwedd ac mewn gwarchod yr amgylchedd a dyna o ble y daw llawer o'i ysbrydoliaeth ar gyfer ei waith creadigol. Yn 1996, ac wedi gorffen talu ei forgais, derbyniodd barsel drwy'r post oddi wrth y gymdeithas adeiladu yn amgau gweithredoedd yr eiddo. O'r casgliad hwn o ddogfennau yr esgorodd y gyfres ddiweddaraf o waith, gwaith sydd yn edrych ar brosesau rheolaeth, dogfennau a'r modd y mae'r tirwedd amaethyddol yn cael ei bortreadu.

Y mae amaethyddiaeth ac estheteg yn cyd-gyfarfod ym mhatrwm a chysondeb y tirlun a luniwyd gan fodau dynol. Yn aml iawn y mae Celf y Tir yn ymwneud â thechnegau a chrefft gyntaf dynolryw a'u holl oblygiadau a chysylltiadau. Drwy fod yn amaethwr yn ogystal ag yn artist y mae John Howes yn medru gweld gwerth y croes-ffrwythlonni hwn o ofalon. Rhwydwaith enfawr o arwyddion yw'r tir a'u hystyron ynghlwm yn y pridd. Daw geiriau a gwrthrychau, cyfeirnodau mapiau a lleoliadau, oll at ei gilydd yng ngwaith Howes gan roi iddynt ddylanwad trawsffurfiadol gyd-ddibynnol.

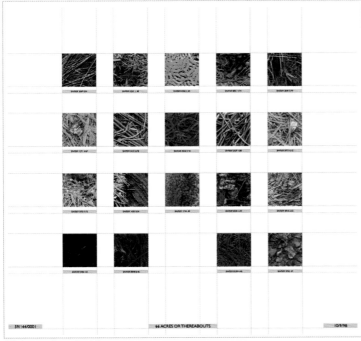

'66 Acres or there abouts'

'All those fields...'

Darren Hughes

Born Bangor
Lives Bethesda, Gwynedd

Geni yn Mangor
Byw ym Methesda, Gwynedd

From his house in Bethesda, Darren Hughes is surrounded by dramatic scenery. At the front, the slate from the quarry glistens in the sunlight and the landscape continually alters its shape as the slate is removed. Behind his back garden studio, the mountain range changes almost every minute as fleeting clouds and shafts of light sweep across the land.

He is absorbed by the structure and pattern of the land and is inspired by the physical way everything fits together. Like his printmaking, the paintings are underscored by an attention to detail, a love of observational drawing and a passion for the landscape in which he now lives.

"My paintings contain and reflect upon fragmentary moments experienced while in the landscape and the aim is to capture and recreate the poignancy of those moments, to make them permanent and somehow make sense of their significance."

Yn ei gartref ym Methesda y mae Darren Hughes wedi'i amgylchynu gan olygfeydd dramatig. O'i flaen y mae pentyrrau o lechi'n sgleinio yn yr heulwen a'r tirwedd yn cyson newid ei siâp fel y mae'r llechi'n cael eu symud ymaith. Y tu ôl i'r stiwdio yn yr ardd y mae'r gadwyn o fynyddoedd yn symudliw a chyfnewidiol wrth i'r cymylau a'r llafnau o oleuni hwylio ar draws y tir.

Y mae Darren wedi cael ei gyfareddu gan strwythur a phatrwm y tir a chaiff ei ysbrydoli gan y modd y mae popeth yn ymdoddi ac yn ffitio i'w gilydd. Y mae ei ddarluniau, fel ei brintweithiau, yn cael eu hatgyfnerthu oherwydd ei fod yn gofalu am y manylion ac oherwydd ei ymlyniad wrth arlunio sylwgar yn ogystal â'i frwdfydedd nwydus tuag at y tirwedd sydd yn rhan o'i amgylchedd.

"Y mae fy mheintiadau'n cynnwys ac yn adlewyrchu eiliadau tameidiog a brofwyd oddi mewn i'r tirlun a'r nod yw cipio ac ail-greu dwysdeimlad yr eiliadau hynny, eu gwneud yn rhai parhaol a cheisio gwneud synnwyr o'u harwyddocad."

February (Above Tan Y Foel) II

February (Above Tan Y Foel) I

Above Bethesda

Evan Jon

Born Pembrokeshire
Lives Fishguard, Pembrokeshire

Geni yn Sir Benfro
Byw yn Abergwaun, Sir Benfro

Evan Jon is a self taught artist who has been sketching and painting since a child. For a number of years he ran a photographic business in Pembrokeshire with his brother and he now records the Pembrokeshire landscape in oils, acrylics and pastels.

His paintings capture the mood and atmosphere of his local landscape, its farm buildings, farmers and creatures.

Artist hunan-addysgedig yw Evan Jon ac y mae wedi bod yn braslunio a pheintio er pan oedd yn blentyn. Am nifer o flynyddoedd bu ef a'i frawd yn rhedeg busnes ffotograffiaeth yn Sir Benfro ac y mae yn awr yn cofnodi tirwedd Sir Benfro mewn olew, acrylic a phastel.

Mae ei beintiadau'n llwyddo i gipio naws ac awyrgylch y tirwedd lleol, yr adeiladau fferm, ffermwyr a chreaduriaid.

Aneurin Jones

Born Cwm Wysg
Lives Cardigan

Geni yn Nghwm Wysg
Byw yn Aberteifi

Aneurin Jones is a farmer's son and was brought up on the border of the old counties of Brecon and Carmarthen. After training in Fine Art at Swansea College of Art, he spent two years working for Celtic Studios where he designed stained glass windows for churches in Britain, Canada and the United States. He was Head of the Art Department at Ysgol Y Preseli, Crymych when it opened in 1958 until July 1986.

"The essence of my work emanates from the formative years I spent in the mythical land of my birth. Although I moved away in the pursuit of education etc, a part of me never left the area at all. It was its landscape & people that moulded me in effect – it was their stories which fired my early imagination & it was their humanity which formed my outlook on life.

The physical shape & pattern of these people excite me creatively & this is the drive which results in my paintings. The themes which appear in my work are drawn from this life – the power of the horse, an individual's contemplation in space, the seasons passing.

Although the education I received in Swansea College of Art bore the influence of the Renaissance, it is an older & more mystical tradition which moves me creatively. This is the tradition of the storyteller, the tradition of keeping the memory of a people. In this respect, the potential is exciting when the word & the image intertwine."

Mab fferm yw Aneurin Jones a chafodd ei fagu ar y ffin rhwng hen siroedd Brycheiniog a Chaerfyrddin. Wedi dilyn hyfforddiant mewn Celfyddyd Gain yng Ngholeg Celf Abertawe treuliodd ddwy flynedd yn gweithio i Celtic Studios lle bu'n dylunio ffenestri lliw ar gyfer eglwysi ym Mhrydain, Canada a'r Unol Daleithiau. Pan agorodd Ysgol y Preseli yng Nghrymych yn 1958 fe'i penodwyd yn Bennaeth yr Adran Gelf ac yno y bu tan fis Gorffennaf 1986.

"Mae crynswth fy ngwaith yn tarddu o'r blynyddoedd ffurfiannol a dreuliais ym mro chwedlonol fy ngeni. Er imi symud i ffwrdd i fynd i'r coleg ac yn y blaen, y mae rhan ohonof na adawodd fy mro enedigol o gwbl. Y tirwedd hwnnw a'i bobl a'm creodd i bob pwrpas – eu straeon a daniodd fy nychymyg cynnar a gwarineb eu cymdeithas a ffurfiodd fy neall. Mae osgo a siâp y cymeriadau gwledig yn rhyfeddod parhaus imi, a dathlu'r cyffro creadigol hwnnw yw sbardun fy mhaentiadau. Pethau sy'n ymwneud â'r bywyd hwnnw – pwer y ceffyl, myfyrdod yr unigolyn mewn gwagle, tro'r tymhorau – yw themau arhosol fy ngwaith.

Er fod dylanwad clasurol y Dadeni Dysg ar yr addysg a dderbyniais yng Ngholeg Celf Abertawe, traddodiad hŷn a mwy lledrithiol yw'r un sy'n aflonyddu arnaf pan fo creadigrwydd yn taro. Traddodiad y cyfarwydd yw hwnnw, traddodiad y dweud stori a chadw'r cof. Yn hyn o beth, mae rhywbeth cyffrous ar droed pan fo iaith a delwedd yn plethu."

Talsarn

Y Gwyllt

Cyril Jones

Born Caernarfonshire
Lives Isle of Man

Geni yn Sir Caernarfon
Byw yn Ynys Manaw

In 1977 I began what was intended to be an intense phase of drawing to resolve ideas for painting. I'm still drawing – partly because the medium is challenging and partly because it suits the rather enclosed and atmospheric aspect of landscape that I have focussed upon. I have become interested in an environment within man made forests, composed of forms ancient in origin, which is evolving and changing the geometry imposed by man. The scale at which I work is an important feature of the drawings, but though they are large they are not specifically intended for large spaces or to be seen at a distance. I see the drawings as enclosures – almost as stage sets – in which the observer may contemplate, reflect, play. I am as interested in the observer's response to the drawings as I am in the landscapes – the thoughts of the observer in a sense complete the picture.

Yn 1977 y cychwynnodd yr hyn oedd i fod yn gyfnod grymus o arlunio er mwyn dadansoddi syniadau at bwrpas peintio. Yr wyf yn dal i arlunio – yn rhannol oherwydd bod y cyfrwng yn un heriol ac yn rhannol oherwydd ei fod yn gweddu i agwedd gyfyng ac amgylcheddol y tirlun yr wyf wedi canolbwyntio arno. Yr wyf wedi ymddiddori yn yr amgylchedd sydd yn bodoli o fewn coedwigoedd o waith dynion, wedi eu llunio o ffurfiau hynafol sydd yn datblygu ac yn trawsnewid geometreg yr hyn a grewyd gan law dyn. Y mae graddfa fy ngwaith yn nodwedd bwysig o'r arlunio ond er bod y darnau'n helaeth nid ydynt wedi cael eu creu'n arbennig ar gyfer gofodau mawr nac i'w gweld o bellter. Gwelaf y darluniau fel math o gorlannau – bron fel setiau llwyfan – lle gall y gwyliwr fyfyrio, breuddwydio, chwarae. Mae gennyf wir ddiddordeb yn ymateb y gwyliwr i'r darluniau yn ogystal â'r tirlun – mewn gwirionedd y mae barn a meddyliau'r gwyliwr yn cwblhau'r darlun.

Out of Nowhere, Radnor Forest

In the Mood, Radnor Forest

Graham Matthews

Born Epsom, Surrey
Lives Gower

Geni yn Epsom, Swydd Surrey
Byw ym Mhenrhyn Gwyr

'Llancynt Nawr – Yfory'

The geology of Wales has formed the character of her men and women, and their past story can be seen in the artefacts they have left behind.

The moulding of the rocks has forged an often-bitter determination in these rural communities that always, even in adversity, has resulted in outstanding achievements and desire in the work of their craft.

It is my hope that tomorrow's excellence will continue to reverberate across the turf of Llanelwedd and the people's embrace, welcoming change and maintaining the challenge to work with the soil will prosper and pass as loud laughter and joy.

'Llancynt Nawr – Yfory'

Y mae daeareg Cymru wedi llunio cymeriad ei dynion a'i merched ac fe welir eu hanes yn y creiriau adawsant ar eu holau.

Cynysgaeddwyd y cymunedau gwledig hyn â phenderfyniad chwerw-felys a ddeilliodd o'r graig o'u cwmpas. Hyd yn oed mewn adfyd y maent wedi llwyddo i gyflawni gwaith o safon.

Fy ngobaith yw y bydd rhagoriaeth yfory'n parhau i ddiasbedain dros dir Llanelwedd ac y bydd y bobl yn cofleidio ac yn croesawu newid yn ogystal ag wynebu'r her o weithio gyda'r pridd mewn llawenydd a gorfoledd.

47

Sally Matthews

Born Tamworth, Midlands
Lives near Builth Wells

Geni yn Tamworth yn y Canoldir
Byw yn yml Llanfair-ym-Muallt

Since before I was born my parents have bred Welsh Mountain ponies. Our holidays were arranged around Fayreoaks, Cwm Owen, etc and of course The Royal Welsh Show.

I think my passion for animals came through the endless looking and discussion of an animal's conformation and character, it's eye setting, topline, bone etc. Drawing is one of the most intense ways of looking, studying and recording. It was not usually the 'show' animal that inspired me to draw. It was living with our own animals and their continual presence that encouraged a love for their different form, movement and nature, which is what I want to remind people of through my work.

Hyd yn oed cyn fy ngeni yr oedd fy rhieni'n magu merlod mynydd Cymreig. Yr oedd ein gwyliau'n cael ei drefnu o gwmpas Fayreoaks, Cwm Owen ac ati – a Sioe Frenhinol Cymru wrth gwrs.

Yr wyf yn meddwl bod fy nghariad angerddol tuag at anifeiliaid wedi cael ei blannu ynof drwy syllu arnynt a thrwy drafod eu llun a'u lliw yn ddiddiwedd, ymffurfiad y llygad, yr osgo a'r asgwrn ac yn y blaen. Un o'r dulliau mwyaf grymus o edrych, astudio a chofnodi yw drwy arlunio. Nid yr anifail 'sioe' yn unig a'm sbardunodd. Eithr byw gyda'n anifeiliaid ni ein hunain, eu presenoldeb parhaol, dyna anogodd y cariad tuag at eu ffurfiau amrywiol, eu symudiad a'u natur. A dyna'r union nodweddion yr hoffwn atgoffa pobl ohonynt yn fy ngwaith.

Lucy Melegari

Born Ruthin
Lives Corwen

Geni yn Rhuthun
Byw yng Nghorwen

The Welsh landscape has been a constant inspiration for my work. Through the medium of printmaking I have explored ideas and images from both the rural and industrial landscape looking at the beauty of the cultivated land and the way the landscape has been despoiled through mining. Recent work explores the spiritual nature of the landscape experienced on the Pilgrim Routes from north to mid Wales.

This new work produced for the centenary year of the Royal Welsh Agricultural Society Exhibition celebrates and pays homage to those who cultivate or conserve the landscape in different forms. Whilst one of the works shows the conservation work being undertaken at Llyn Brenig, another records the cultivation at Erddig.

By using multi print processes of relief, intaglio and screen print, images are built up to reflect the layering and working of the land. I then work back onto these surfaces to represent cultivation and the changing landscape through the seasons.

Y mae'r tirwedd Cymreig wedi bod yn ysbrydoliaeth gyson i mi. Drwy gyfrwng printwaith yr wyf wedi edrych ar syniadau a delweddau o'r tirwedd, diwydiannol a gwledig, gan fwynhau harddwch y tir wedi ei fraenaru a'r modd y mae mwyngloddio wedi anrheithio'r tirwedd yma ac acw. Y mae fy ngwaith diweddaraf yn edrych ar natur ysbrydol y tirwedd a brofwyd ar Ffordd y Pererinion o ogledd i ganolbarth Cymru.

Y mae'r gwaith newydd sydd wedi cael ei gynhyrchu ar gyfer yr Arddangosfa i ddathlu canmlwyddiant Cymdeithas Amaethyddol Frenhinol Cymru yn talu gwrogaeth i'r rhai sydd wedi bod yn trin a gwarchod y tir mewn amrywiol ffyrdd. Tra bod un o'r darnau'n dangos y gwaith cadwraeth sydd yn mynd ymlaen yn Llyn Brenig y mae un arall yn cofnodi trin y tir yn Erddig.

Drwy ddefnyddio prosesau aml-brint mewn cerfwedd, ceugerf a sgrin argraffu y mae delweddau'n cael eu hadeiladu i adlewyrchu'r haenu a'r modd y mae'r tir yn cael ei drin. Wedyn byddaf yn gweithio'n ôl ar yr arwynebau hyn i adlewyrchu'r braenaru a'r modd y mae'r tirwedd yn newid yn nhreigl y tymhorau.

Gordon Miles

Born Maidstone, Kent
Lives near Machynlleth

Geni yn Maidstone, Caint
Byw yn yml Machynlleth

Gordon Miles was trained in photolithography at the London School of Printing and studied illustration at Harrow Art School. He is an established painter and master printmaker who produces high quality limited edition etchings and has been commissioned by many individuals and organisations such as CADW and Lincoln Cathedral.

His work features a wide range of subjects including people, landscapes, waterways, architectural studies and horses. All his work is carefully observed, meticulous in detail and captures the atmosphere of his subject.

In addition to producing his own work, he also offers a printing service for other artists.

Hyfforddwyd Gordon Miles mewn ffotolithograffeg yn Ysgol Argraffu Llundain ac aeth ymlaen i astudio darluniad yng Ngholeg Celf Harrow. Y mae wedi hen ymsefydlu fel peintiwr a meistr brintweithiwr sydd yn cynhyrchu ysgythriadau o safon aruchel ac o nifer gyfyngedig. Derbyniodd gomisiwn gan lawer o unigolion a mudiadau megis CADW a Chadeirlan Lincoln.

Gwelir ystod eang o bynciau yn ei waith yn cynnwys pobl, tirluniau, dyfrffyrdd, astudiaethau pensaerniol a cheffylau. Mae ei waith yn sylwgar a manwl ac yn llwyddo i gipio awyrgylch pa bynnag wrthrych y mae'n canolbwyntio arno.

Yn ychwanegol at gynhyrchu ei waith ei hun y mae hefyd yn estyn gwasanaeth argraffu i artistiaid eraill.

Looking towards Dihewyd, 1980. Collection of University of Wales, Aberystwyth

Christine Mills

Born Llangadfan, Dyffryn Banw, Powys
Lives Foel, Dyffryn Banw, Powys

Geni yn Nyffryn Banw, Sir Drefaldwyn
Byw yn Foel, Nyffryn Banw, Sir Drefaldwyn

I was brought up in the small village of Llangadfan in Montgomeryshire and now live a few miles away on a hill farm with my family.

The inspiration for my work comes from the land, the life and the people on the land around me.

My choice of medium is constantly evolving in response to my developing ideas, and at present my work is dealing with communication, Identity and Culture issues within rural Wales.

I am proud that my work has direct reference to my locality but I also aim to raise contemporary issues that matter further afield.

Cefais fy magu ym mhentref bach Llangadfan yn Sir Drefaldwyn ac yr wyf erbyn hyn yn byw hefo 'nheulu ar fferm fynydd ychydig filltiroedd i ffwrdd.

Ysbrydolir fy ngwaith gan y tir, y ffordd o fyw a'r bobl sydd yn byw yn y gymuned o 'nghwmpas.

Mae fy newis o gyfrwng yn newid yn gyson gan ddibynnu ar y modd y mae fy syniadau'n datblygu ac ar hyn o bryd y mae fy ngwaith yn delio gyda chyfathrebu, hunaniaeth a materion diwylliannol yng nghyswllt cefn gwlad Cymru.

Yr wyf yn ymfalchio yn y ffaith bod fy ngwaith yn ymwneud yn uniongyrchol gyda'm bro ond ar yr un pryd yr wyf hefyd yn awyddus i drafod materion cyfoes sydd o bwysigrwydd ehangach.

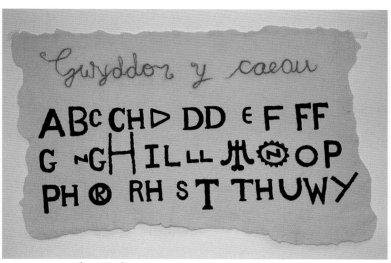

Gwyddor y Caeau

Modulator

Modulator

Eleri Mills

Born Llangadfan, Dyffryn Banw, Powys
Lives Llangadfan, Dyffryn Banw, Powys

Geni yn Nyffryn Banw, Sir Drefaldwyn
Byw yn Nyffryn Banw, Sir Drefaldwyn

Eleri Mills lives and works in Llangadfan, Powys where she was born and brought up. She has exhibited widely in the UK and abroad including the Museums of Modern Art Kyoto and Tokyo, Museu Textil d'Indumentaria, Barcelona and the Museo Nacional de Artes Decorativas, Madrid. Her work is featured in national collections which include the Whitworth Art Gallery, Manchester, National Museums of Scotland, Edinburgh and the National Library of Wales, Aberystwyth. She was awarded the Craft Gold Medal at the National Eisteddfod of Wales, Porthmadog 1987 and was the winner of the Art of the Stitch prize at the Barbican, London in 1997.

"The land has always been there in my mind, beginning with a childhood helping on the farm. The passing on the land from one generation to the next represents continuity and instils a deep sense of belonging. I grew up, therefore, in a place where history and tradition were relevant and my familiar landscape was connected by a network of mythic and cultural associations. The art of storytelling celebrated life in all it's forms, thus fuelling a culture founded on narrative as opposed to a visual tradition, creating fabulous and complex imagery of the mind."

Mae Eleri Mills yn byw ac yn gweithio yn Nyffryn Banw, Sir Drefaldwyn, lle cafodd ei magu. Mae wedi arddangos ei gwaith yn eang ym Mhrydain a thramor, yn cynnwys yr Amgueddfeydd o Gelfyddyd Fodern yn Kyoto a Tokyo, Museu Textil d'Indumentaria, Barcelona a'r Museo Nacional de Artes Decorativas, Madrid. Mae ei gwaith mewn nifer o gasgliadau cenedlaethol, sy'n cynnwys Oriel Gelf Whitworth, Manceinion, Llyfrgell Genedlaethol Cymru, Aberystwyth, ac Amgueddfeydd Cenedlaethol yr Alban, Caeredin. Yn Eisteddfod Genedlaethol, Porthmadog 1987 fe enillodd y Fedal Aur am Grefft, ac yn 1997 hi oedd enillydd gwobr Celfyddyd y Pwyth yn y Barbican, Llundain.

"Mae'r tir wedi bod yn rhan annatod ohonof, byth oddi ar yr adeg pan oeddwn yn blentyn ac yn helpu o gwmpas y fferm. Tyfais i fyny mewn man lle'r oedd hanes a thraddodiad yn berthnasol a'r tirwedd cyfarwydd hwn yn rhwydwaith o gysylltiadau mythig a diwylliannol. Câi pob elfen o fywyd ei ddathlu ar lafar ac ar gân, felly'n bwydo diwylliant a seilwyd ar stori yn hytrach na thraddodiad gweledol, gan greu delweddau cymhleth a rhyfeddol yn y meddwl."

In the fields (no. 4), Yn y caeau (rhif 4)

David Miller

Born Oldham, Lancashire
Lives St Clears, Carmarthenshire

Geni yn Oldham, Swydd Gaerhirfryn
Byw yn Sanclêr, Sir Gaerfyrddin

David Miller lives and works in the heart of the west Wales countryside, in a wooded valley near the Taf and Towy estuaries with the dramatic Pembrokeshire coastline on his doorstep. He paints mostly British wildlife, usually in oils, preferring to return again and again to subjects he knows well, travelling widely to gather reference and inspiration for his work.

His paintings feature landscapes, birds, game and fish. He is particularly well known for his underwater studies of game and course fish, inspired by a lifetime passion for angling and by hours spent snorkelling in British rivers, lakes and gravel pits. This knowledge and understanding of his subjects is clearly reflected in his work, and has resulted in a growing international reputation, with some of his larger fish paintings now hanging in London, Tokyo and New York boardrooms.

He has exhibited widely and his work has been published by The Royal Society for the Protection of Birds, Hamlyn Publishers, Waterlog Magazine, Irish Country Sports & Country Life, The Field, Wild Ireland, International Masters Magazine and the Medici Society.

Y mae David Miller yn byw ac yn gweithio ym mherfeddwlad gorllewin Cymru, mewn cwm coediog ger aberoedd afonydd Taf a Thywi ac arfordir dramatig Sir Benfro ar garreg ei ddrws. Bywyd gwyllt gwledydd Prydain sydd yn mynd â'l fryd fel peintiwr, mewn olew ran amlaf, ac y mae wrth ei fodd yn cael dychwelyd dro ar ôl tro at y pethau sydd yn gyfarwydd iddo gan deithio'n helaeth i gasglu gwybodaeth ac ysbrydoliaeth.

Tirluniau, adar, helwriaeth a physgod yw prif nodweddion ei beintiadau. Y mae'n arbennig o adnabyddus am ei astudiaethau tanddwr o bysgod bras a hela a ysbrydolwyd gan ei hoffter ysig o bysgota a chan oriau yn snorcelio yn afonydd, llynnoedd a phyllau gro drwy Brydain. Y mae ei waith yn adlewyrchu'r ffaith ei fod yn deall ac yn gwerthfawrogi ei wrthrychau ac y mae hyn wedi esgor ar enwogrwydd rhyngwladol gyda rhai o'i luniau pysgod yn crogi ar furiau ystafelloedd bwrdd yn Llundain, Tokyo ac Efrog Newydd.

Mae wedi arddangos yn helaeth a'i waith wedi'i gyhoeddi gan Gymdeithas Frenhinol er Gwarchod Adar, Cyhoeddiadau Hamlyn, Waterlog Magazine, Irish County Sports & Country Life, The Field, Wild Ireland, International Masters Magazine a Chymdeithas Medici.

Morning Light Barley Field

Barley Field

Barley Field 2

Wendy Murphy

Born Farnborough, Kent
Lives Fairbourne, Gwynedd

Geni yn Farnborough, Caint
Byw yn Y Friog, Gwynedd

I am still excited by things in the landscape which fired me up as a child: the sight of a tree against a stormy sky; or an old cottage bearing the scars of time on its walls.

Latterly it is the very everyday which is most interesting: a messy corner in a garden, an old farmer battling on with the only life he has ever known, surrounded by his flock; the rich tones and textures of farm buildings. Little glimpses of other people's lives which lend themselves beautifully to being dramatised and enriched with the colour and texture of the medium. It is the paint which I am I love with.

I am not concerned with the 'Grand View' which is ironic as I am surrounded by the drama on Cader Idris and the Mawddach Estuary. These scenes are 'already done', I see little scope to improve or dramatise them.

Each painting is a piece of theatre, a subjective dramatisation of the familiar. Juxtaposing certain colours to create mood and intensity, I encourage serendipity by working quickly and allowing the paint a certain amount of freedom, resulting in a surface which is often scarred with previous aesthetic battles.

Certainly my soul is in the land, and although I sometimes paint flowers or people, I see myself very much as a landscape painter. It would perhaps be nice to explore other rural areas in Britain but at the moment I have more than enough inspiration here to keep me feeling excited.

Yr wyf yn dal i gael fy nghyffroi wrth gofio'r tirwedd a roddodd ias i mi pan yn blentyn. Gweld coeden yn sefyll yn erbyn awyr stormus neu hen fwthyn a chreithiau amser yn amlwg ar ei furiau.

Yn ddiweddarach y pethau bob-dydd sydd fwyaf difyr; cornel ddigon blêr yn yr ardd, hen ffermwr yn ymlafnio i wneud bywoliaeth yr unig ffordd a ŵyr – a'i braidd o'i gwmpas, lliw a naws adeiladau fferm. Cipolwg yn awr ac yn y man ar fywydau pobol eraill a'r rheiny'n ddeunydd perffaith ar gyfer y cyfrwng. Yr wyf mewn cariad â'r paent.

Nid oes gennyf affliw o bwys am 'Yr Olygfa Fawr' – sydd braidd yn eironig gan fy mod yn cael f'amgylchynnu gan fawredd Cader Idris ac aber y Fawddach. Mae'r golygfeydd hyn yn orffenedig. Ni welaf bod posibl gwella arnynt.

Mae pob peintiad yn ddarn o theatr, drama wrthrychol drwy gyfosod lliwiau arbennig er mwyn creu naws a dwyster. Yr wyf o blaid serendipedd drwy weithio'n gyflym gan adael i'r paent lifo'n weddol ddilyffethair gyda'r canlyniad fy mod yn creu arwyneb creithiog.

Yn ddiddadl mae f'enaid yn y tir ac er fy mod weithiau'n peintio blodau neu bobl, fel tirlunydd yr wyf yn f'ystyried fy hun. Mi fyddai'n braf cael cyfle i edrych ar ardaloedd gwledig eraill Prydain ond ar hyn o bryd mae gen i hen ddigon o ddeunydd yma i gynnal y cyffro.

Moo'dy

And Mitsi Wore White

Peter Prendergast

Born Abertridwr, near Caerphilly
Lives Deiniolen near Caernarfon

Geni yn Abertridwr ger Caerffili
Byw yn Neiniolen ger Caernarfon

Peter Prendergast trained at Cardiff College of Art, The Slade School of Art and Reading University. At the Slade, he was influenced by the teaching of Frank Auerbach and began to paint expressionistic paintings of the landscape of Wales.

He has exhibited prolifically since the early 1970's when he moved to Bethesda to an area quite similar in nature to the industrial south with it's huge Penrhyn Quarry which has inspired much of his work.

Nant Ffrancon Valley
"This painting was made in about 1993, and has been in various exhibitions in and out of Wales.

In the 1990s, I spent a lot of time painting and drawing in the Nant Ffrancon valley, which is on the A5 road, between Capel Curig and Bethesda. It is one of my favourite valleys. There are various cattle and sheep farms in the valley, Maes Caradog being my favourite. The painting is simply my response to this valley.

Other paintings from this series are in the National Library of Wales; University College, Bangor, and the Museum of Modern Art, Wales."

Hyfforddwyd Peter Prendergast yng Ngholeg Celf Caerdydd, Ysgol Gelf y Slade a Phrifysgol Reading. Yn y Slade daeth dan ddylanwad Frank Auerbach a dechreuodd beintio lluniau mynegiadol o dirwedd Cymru.

Y mae wedi arddangos yn eang ers y 1970au cynnar pan symudodd i Fethesda i ardal ddigon tebyg i'r de diwydiannol ac y mae Chwarel enfawr y Penrhyn wedi ysbrydoli llawer o'i waith.

Nant Ffrancon
"Gwnaed y llun hwn tua 1993 ac y mae wedi bod mewn amrywiol arddangosfeydd yng Nghymru a'r tu allan.

Yn y 1990au treuliais lawer o amser yn peintio ac yn arlunio yn Nant Ffrancon ar yr A5 rhwng Capel Curig a Bethesda. Hwn yw un o'm hoff ddyffrynnoedd. Mae yna amryfal ffermydd defaid a gwartheg yn y nant, yr orau gen i yw Maes Caradog. Yn syml, f'ymateb i'r nant yw'r peintiad.

Y mae peintiadau eraill yn y gyfres yn y Llyfrgell Genedlaethol, Prifysgol Bangor ac yn yr Amgueddfa Celf Gyfoes."

Nant Ffrancon Valley

Gwilym Pritchard

Born Llanystumdwy, near Criccieth
Lives Tenby

Geni yn Llanystumdwy ger Cricieth
Byw yn Ninbych y Pysgod

Gwilym Prichard trained at Birmingham College of Art and is married to the artist Claudia Williams. They lived in Wales until 1964 when they moved to the medieval town of Rocherfort-en-Terre in Brittany where they lived for 15 years before returning to Wales in 2001.

Gwilym's landscape paintings are brightly coloured, dramatic and often boldly painted using a palette-knife. Many of his paintings feature farming life and landscapes from Pembrokeshire up to Cader Idris and Blaenau Ffestiniog. Unlike his more colourful works, the atmospheric painting of 'Above Rhostrydan' from 1982 shows a winter scene at dusk. The farm in the centre is Gwredog Isaf where Claudia and Gwilym were then living in the foothills of Snowdonia. Both he and Claudia have travelled widely, have had numerous group and solo shows in Wales, Britain, Paris and Amsterdam and have works in many public and private collections worldwide.

Hyfforddwyd Gwilym Prichard yng Ngholeg Celf Birmingham ac y mae'n briod â'r artist Claudia Williams. Tan 1964 yng Nghymru yr oedd eu cartref ac yna aeth y ddau i fyw i Rochefort-en-Terre, tref ganoloesol yn Llydaw, lle buont am 15 mlynedd cyn dychwelyd i Gymru yn 2001. Y mae tirluniau Gwilym yn llachar, dramatig ac yn aml iawn wedi eu peintio'n feiddgar gyda chyllell balet. Mae llawer o'i beintiadau'n portreadu'r bywyd amaethyddol a thirwedd Sir Benfro, Cader Idris a Blaenau Ffestiniog. Mewn cyferbyniad â'i waith mwy lliwgar y mae peintiadau atgofus megis 'Above Rhostryfan' yn 1982 yn dangos golygfa aeafol yn y cyfnos. Gwredog Isaf wrth droed Yr Wyddfa yw'r fferm yn y canol ac yno yr oedd Claudia a Gwilym yn byw yr adeg honno.

Y mae'r ddau wedi teithio'n helaeth ac wedi cael nifer o arddangosfeydd grŵp ac unigol yng Nghymru, Prydain, Paris ac Amsterdam. Gwelir eu gwaith mewn llawer o gasgliadau cyhoeddus a phreifat ym mhedwar ban byd.

Above Rhostrydan 1982. Private collection

Buddig Angwili Pughe

1857–1939   1857–1939

Buddig Pughe was the daughter of the antiquarian scholar and physician Dr. John Pughe and was born in Aberdyfi. She studied at Liverpool School of Art, Heatherley's in London and Collarosi's in Paris. She exhibited regularly at the Royal Academy and worked in Paris, Rome and Venice. She was a member of the Liverpool Academy of Arts, the Liverpool Sketch Club and the Irish Water Colour Society. At around 1905 she returned to Aberdyfi and then moved to Aberystwyth in 1937 where she lived for the rest of her life painting portraits and landscapes. The picture is of Erwfaethlon, a farm on the south facing slopes of Happy Valley near Tywyn.

Ganwyd Buddig Pughe yn Aberdyfi yn ferch i'r Dr John Pughe, y meddyg a'r hynafiaethydd. Astudiodd yn Ysgol Gelf Lerpwl, Heatherley yn Llundain a Collarosi ym Mharis. Arddangosodd yn gyson yn yr Academi Frenhinol a bu'n gweithio ym Mharis, Rhufain a Fenis. Yr oedd yn aelod o Academi'r Celfyddydau Lerpwl, Clwb Braslunio Lerpwl a'r Gymdeithas Ddyfrliwiau Wyddelig. Tuag 1905 dychwelodd i Aberdyfi ac yna symudodd i Aberystwyth yn 1937 gan dreulio gweddill ei hoes yno yn peintio portreadau a thirluniau. Llun sydd yma o Erwfaethlon, fferm ar lechweddau deheuol Cwm Maethlon ger Tywyn.

Erwfaethlon 1937. Collection of University of Wales, Aberystwyth

Will Roberts

1907–2000

1907–2000

Will Roberts was one of the outstanding Welsh artists of the 20th century, described by Vernon Watkins as one of the first of Wales's "Old Masters." There was probably no theme more central to the springs of his creativity than farming and the Welsh landscape and he has left to posterity a wonderful legacy of paintings and drawings reflecting on those subjects.

While still a small boy, the farmers and farmsteads of North Wales exercised a powerful and lasting influence on him, and when he moved with his parents in 1918 to the Vale of Neath, were later developed with remarkable sensitivity and insight in the paintings and drawings set in this immediate environment. He lived in Neath for the remainder of his life, apart from serving in the RAF during the Second World War.

He first came to public attention in Arts Council exhibitions in the late 1940s and early 1950s. In 1962 he was awarded the Byng Stamper Prize, selected by Sir Kenneth Clark, for the outstanding landscape painting The Farm at Cimla. This work now hangs in the National Museum of Wales in Cardiff.

Much of Will Roberts's finest work was germane to the theme of the R.W.A.S exhibition, as were the majority of his paintings exhibited over the years at the Royal Academy's Summer Show. The figures revealed in his studies were not anonymous but were based, for example, on John Lloyd of Bryn Mulan, Denbigh, Farmer Stephens of Tyn-y-Waun, Neath, or Tom Davies of Saundersfoot. Will Roberts was celebrating these Welsh farmers and, simultaneously, the land and farms they worked.

Yr oedd Will Roberts yn un o artistiaid mwyaf eithriadol yr 20fed ganrif ac fe'i disgrifiwyd gan Vernon Watkins fel un o 'Hen Feistri' cyntaf Cymru. Mae'n debyg mai'r elfen ganolog yn ei waith oedd y byd amaeth a thirwedd Cymru ac y mae wedi gadael etifeddiaeth arbennig iawn o beintiadau ac arluniau sydd yn adlewyrchu'r pynciau hynny.

Pan yn ddim ond bachgen bach cafodd ffermwyr a ffermydd gogledd Cymru ddylanwad trwm a pharhaol arno a phan symudodd gyda'i rieni i Gwm Nedd yn 1918 fe ddatblygodd y dylanwadau cynnar hynny i fod yn beintiadau ac arluniau tu hwnt o sensitif a threiddgar wedi eu gosod o fewn yr amgylchedd arbennig honno. Bu'n byw yng Nghastell Nedd am weddill ei fywyd heblaw am gyfnod yn yr Awyrlu adeg yr Ail Ryfel Byd.

Y tro cyntaf iddo ddod i sylw'r cyhoedd oedd mewn arddangosfeydd dan nawdd Cyngor y Celfyddydau ddiwedd yr 1940au a dechrau'r 1950au. Yn 1962 dyfarnwyd iddo Wobr Byng Stamper, ef oedd dewis Syr Kenneth Clark, am ei dirlun nodedig o'r enw The Farm at Cimla. Mae'r darn hwnnw heddiw i'w weld yn Amgueddfa Genedlaethol Cymru yng Nghaerdydd.

Y mae llawer o waith gorau Will Roberts yn berthnasol i thema arddangosfa'r Sioe Frenhinol. Felly hefyd y mwyafrif o'i beintiadau a ddangoswyd dros y blynyddoedd yn Arddangosfa Haf yr Academi Frenhinol. Nid cymeriadau anhysbys a geir yn yr astudiaethau eithr y maent wedi'u seilio ar John Lloyd, Bryn Mulan, Dinbych; Ffermwr Stephens o Dy'n y Waun, Castell Nedd neu Tom Davies, Saundersfoot, er enghraifft. Dathlu'r ffermwyr Cymreig hyn yr oedd Will Roberts ac ar yr un pryd ddathlu'r tir a'r ffermydd dan eu gofal.

Farmer Stephens of Tyn-Y-Waun Farm c.1955

Tom Davies of Saundersfoot sharpening his scythe 1990

Wil Rowlands

Born Llandyfrydog, Llanerchymedd, Anglesey
Lives Near Cemaes, Anglesey

Geni yn Llandyfrydog, Llanerchymedd, Ynys Môn
Byw yn yml Cemais, Ynys Môn

Sheep, a theme I return to constantly. I begin my sheep studies in-situ, in graphite where much of the linear content is established. I later develop the total content in the studio. I watch their yearly cycle and surprisingly there is always something new to say about them.

Here, the image below, shows a close gathering in an enclosure soon after shearing on a very hot day under the shade of some large sycamores.

The second image with snow on the ground (page 7) shows them feeding from a big bale and how they form one solid unified structure.

Defaid, mae yn thema dwi'n dychwelyd ati beunydd. Rwy'n dechrau'r gwaith allan, yn uniongyrchol efo'r defaid, mewn graffit ac yna yn datblygu'r gwaith yn y stiwdio. Mae defaid o f'amgylch trwy'r amser ac felly rwy'n hoff o sylwi ar y newidiadau trwy'r tymhorau. Mae rhywbeth newydd i'w ddweud amdanynt bob amser.

Yma, mae'r llun isaf, yn dangos defaid yn glos at ei gilydd mewn llain ar ddiwrnod poeth yn fuan ar ôl cneifio ac yn dawel ymlacio o dan gysgod trwm y coed.

Mae'r ail lun, gydag eira ar lawr (tudalen 7) yn dangos fel mae defaid yn creu ffurf soled unedig a chryf tra yn bwyta.

Defaid – Mewn Llain

William Selwyn

Born Caernarfon
Lives Caernarfon

Geni yn Nghaernarfon
Byw yng Nghaernarfon

William Selwyn was born in Caernarfon in 1933. In 1954, after two years completing National Service in the Royal Artillery, he studied at Bangor Normal College until 1956. He subsequently taught at Maesincla Junior School and at Syr Hugh Owen School until retirement in 1990.

His art is centred on the landscape of Gwynedd, its farm workers and fishermen. He is a member of the Royal Cambrian Academy, a winner of the Singer and Friedlander /Sunday Times 11th Watercolour Competition Exhibition in 1998 with his watercolour of Llanberis Pass, and Welsh Artist of the Year in 2001.

William Selwyn's work has been purchased by Gwynedd Council and Anglesey County Council; by the University of Wales, Bangor; the Arts Council of Wales; the National Library of Wales, Aberystwyth; the University of Bath; and is to be found in many private collections at home and abroad.

He has exhibited widely, at The Royal Cambrian Academy, Conwy; The Royal National Eisteddfod of Wales; The Royal West of England Academy, Bath; The Royal Society of British Artists; The Tegfryn Art Gallery, Menai Bridge; The Albany Gallery, Cardiff; Tibb lane Gallery, Manchester; Oriel Plas Glyn-y-Weddw, Llanbedrog; John Davies Gallery, Stow-on-the-Wold; Snowdon Mill Art, Porthmadog; Electric Mountain, Llanberis; Oriel Arfon, Caernarfon; and The Thackery Gallery, London.

Ganed William Selwyn yng Nghaernarfon yn 1933. Yn 1954, yn dilyn dwy flynedd o Wasanaeth Cenedlaethol gyda'r Magnelwyr Brenhinol, aeth i'r Coleg Normal ym Mangor. Wedi cwblhau ei gwrs hyfforddiant yn 1956 aeth yn athro i Ysgol Gynradd Maesincla ac wedyn i Ysgol Syr Hugh Owen, Caernarfon lle y bu hyd ei ymddeoliad yn 1990.

Canolbwynt ei waith celf yw tirwedd Gwynedd a'i gweithwyr fferm a'i physgotwyr. Y mae'n aelod o Academi Frenhinol y Cambrian, yn enillydd y gystadleuaeth yn yr 11eg Arddangosfa Singer a Friedlander/Sunday Times yn 1988 am ei ddyfrliw o Fwlch Llanberis. Ef hefyd ddyfarnwyd yn Arlunydd Cymreig y Flwyddyn yn 2001.

Y mae gwaith William Selwyn wedi cael ei bwrcasu gan Gynghorau Sir Gwynedd a Môn; gan Goleg y Brifysgol, Bangor; Llyfrgell Genedlaethol Cymru a Phrifysgol Caerfaddon. Gwelir ei waith hefyd mewn nifer o gasgliadau preifat a chyhoeddus gartref a thramor.

Mae wedi arddangos yn eang – yn Academi Frenhinol y Cambrian, Conwy; Eisteddfod Genedlaethol Cymru; Academi Frenhinol Gorllewin Lloegr yng Nghaerfaddon; Cymdeithas Frenhinol Artistiaid Prydain; Oriel Tegfryn, Porthaethwy; Oriel Albany, Caerdydd; Oriel Tibb Lane, Manceinion; Oriel Plas Glyn y Weddw, Llanbedrog; Oriel John Davies, Stow on the Wold; Melin Eryri, Porthmadog; Y Mynydd Gwefru, Llanberis; Oriel Arfon, Caernarfon ac Oriel Thackery, Llundain.

Farmers Conversing

Farmer with Sheep

David Tress

Born London
Lives Haverfordwest, Pembrokeshire

Geni yn Llundain
Byw yn Hwlffordd, Sir Benfro

David Tress studied at Harrow College of Art and Trent Polytechnic in Nottingham and moved to Pembrokeshire in 1976. Much of his work depicts the landscape of Pembrokeshire while some paintings reflect his travels in France, Greece, Italy and the Netherlands.

His recent landscapes are abstract in nature and reflect the atmosphere of the land and the marks made by man – the boundary walls, hedges, fences and furrowed fields. He paints in an energetic manner and his work evokes the elements of nature – wind, seaspray, solitude and wild open spaces.

He exhibits regularly and his work is held in many public and private collections including The Contemporary Art Society for Wales, National Library of Wales, The Glynn Vivian Art Gallery and The National Museums and Galleries of Wales.

Bu David Tress yn fyfyriwr yng Ngholeg Celf Harrow a Choleg Politechneg Trent yn Nottingham cyn symud i Sir Benfro yn 1976. Y mae llawer o'i waith yn darlunio tirwedd Sir Benfro tra mae ambell i beintiad yn adlewyrchu ei deithiau i Ffrainc, Groeg, Yr Eidal a'r Iseldiroedd.

Natur haniaethol sydd i'w dirluniau diweddaraf ac y maent yn adlewyrchu awyrgych y tir ac olion dynol – y cloddiau terfyn, y gwrychoedd, ffensus a'r cwysi ar y tir. Mae'n peintio'n egniol ac y mae ei waith yn deffro atgofion ynom o elfennau natur – gwynt, ewyn, unigedd a thiroedd gwylltion agored.

Y mae'n arddangos yn rheolaidd a gwelir ei waith mewn nifer o gasgliadau cyhoeddus a phreifat gan gynnwys Cymdeithas Gelf Gyfoes Cymru, Llyfrgell Genedlaethol Cymru, Oriel Glynn Vivian ac Amgueddfeydd ac Orielau Cenedlaethol Cymru.

Finding Gorse Early

Charles F. Tunnicliffe

1901–1979

1901–1979

Charles Tunnicliffe was born at Langley near Macclesfield in Cheshire where his father was a shoemaker and farmer. He studied at Macclesfield School of Art and The Royal College of Art. In 1947, he and his wife moved to Shorelands, the house at Malltraeth on the estuary of the Cefni river in Anglesey where he lived for 35 years until his death.

He is well known for his depictions of birds and animals in the countryside. While he drew with great anatomical detail, he retained the individual character of the creatures he studied. He was a popular illustrator of books on country life and also illustrated his own books and for authors such as Henry Williamson, H.E.Bates, R.M.Lockley, Ernest Hemingway etc. The works in the exhibition show illustrations from the books 'Rural studies' of 1951 and British Birds of 1947.

There is a permanent collection of over 300 Tunnicliffe watercolours, woodcuts and sketches at Oriel Ynys Môn, near Llangefni on Anglesey.

Ganwyd Charles Tunnicliffe yn Langley ger Macclesfield yn Swydd Caer lle'r oedd ei dad yn grydd ac yn amaethwr. Astudiodd yn Ysgol Gelf Macclesfield ac yn y Coleg Celf Brenhinol. Yn 1947 symudodd ef a'i wraig i Shorelands, tŷ ym Malltraeth ar aber afon Cefni ar Ynys Môn lle y bu am 35 mlynedd hyd ddiwedd ei oes.

Y mae'n adnabyddus am ei ddarluniadau o adar ac anifeiliaid yn eu cynefin. Byddai'n eu darlunio gyda manylrwydd anatomaidd gofalus ond ar yr un pryd yn glynu at gymeriad unigolyddol y creaduriaid. Yr oedd yn ddarlunydd poblogaidd o lyfrau ar fywyd cefn gwlad ac yn darlunio ei lyfrau ei hun yn ogystal ag i awduron megis Henry Williamson, H E Bates, R M Lockley, Ernest Hemingway ayb. Darluniau o'r llyfrau 'Rural Studies' 1951 ac Adar Prydain 1947 sydd yn cael eu harddangos yma.

Mae yna gasgliad parhaol o dros 300 o ddyfrliwiau, torluniau pren a brasluniau o'i waith yn Oriel Ynys Môn ger Llangefni.

Harvesting © Estate of Charles F. Tunnicliffe

Pigs © Estate of Charles F. Tunnicliffe

Alex Williams

Born Reading
Lives Newham on Severn, Gloucesteshire

Geni yn Reading
Byw yn Newham on Severn, Swydd Gaerloyw

I first came to Wales in the severe winter of 1963 and it took all day. By the time I got to the Welsh border, it was dark. The next morning, I awoke to an Alpine landscape, the Black Mountains white against the sky. I thought I was in Switzerland. I fell in love with the muddy farmyards, Brecon market, processions of geese, hay making, and gathering wood in the autumn. In 1973 I sold my design business and we moved to a smallholding in Talgarth.

The wealth of subjects, old machinery, the forgotten mining village of Blaenavon, abandoned shops, staring sheep and cattle in the rain filled my paintings, and they sold well in America.

In the 1980's things began to change. Small farms suffered as agribusiness moved in, tractors became too wide for gates, hedges were no longer layed. Farm buildings became holiday homes, vast steel sheds replaced them. Hay on Wye became an inland resort. It was the end of an era.

These paintings are about farming in Wales before the quiet revolution.

Y tro cyntaf i mi ddod i Gymru oedd yn ystod gaeaf caled 1963 ac fe gymerodd ddiwrnod cyfan i wneud y daith. Erbyn i mi gyrraedd y ffin yr oedd wedi tywyllu. Erbyn bore trannoeth yr oedd pobman yn union fel yr Alpau, y Mynyddoedd Duon yn wyn. Credais fy mod yn y Swisdir. Syrthiais mewn cariad â'r buarthau lleidiog, marchnad Aberhonddu, y gwyddau'n gorymdeithio, cynhaeaf gwair a hel coed tân yn yr hydref. Yn 1973 gwerthais fy nghwmni dylunio a symudais i dyddyn yn Nhalgarth.

Yr oedd y cyfoeth o wrthrychau, hen beiriannau, pentref glofaol colledig Blaenafon, siopau gwag, defaid a gwartheg yn syllu arnoch yn y glaw, yn llenwi fy mheintiadau ac yn gwerthu'n dda yn America.

Yn yr 1980au daeth tro ar fyd. Yr oedd y ffermydd bychain yn edwino dan ddylanwad y cwmniau mawr oedd yn symud i mewn, tractorau'n rhy llydan i fynd drwy'r clwydi, neb yn gwybod sut i blygu gwrych bellach. Addaswyd adeiladau fferm yn dai haf a chodwyd siediau dur enfawr yn eu lle. Datblygodd y Gelli Gandryll i fod yn dref wyliau. Yr oedd yn droad y rhod.

Amaethyddiaeth yng Nghymru cyn y chwyldro distaw yw pwnc y peintiadau hyn.

Feeding the Cattle

Black Sheep

Shearers at Tredustan Court

Catrin Williams

Born Bala
Lives Pwllheli

Geni yn Y Bala
Byw ym Mhwllheli

Pickfork or fork in the right ear, split the right ear into three; two knife stabs under the right ear only; stump or stub and split; crooked hook. Various combinations of simple cuts which create a sheep's ear-mark. By recognising the mark it's possible to know to which farm the sheep belongs – each farm has its own specific ear-mark.

I also belong to a sheep farm, to a family of sheep farmers, to an area and a community of sheep farmers. The community in which I was brought up was strong, tightly-knit and musical – as a child I sang and played the piano at eisteddfodau and acted in school and local plays.

Everyone took part in all local activities, everyone enjoyed the Sunday School processions through the streets of Bala, the Sarnau Eisteddfod and the Chapel's annual picnics near Ffridd y Llyn. With Anti, my Grandmother's sister, I used to go on picnics near Cryniarth, she gave me an introduction to the arts and painting. She also gave me old clothes in which I played and dressed up for hours – a young girl experimenting with make-up, hats, coats, frocks and high-heeled shoes.

My home and family are now in Pwllheli. But the farming and social background of Cefnddwysarn still affects me and my work strongly even though I fly kites on the beach not on the hills, walk around boat yards not along sheep-tracks – the taste of salt on the wind, sand in my hair.

Picfforch neu fforch yn y glust dde; hollti'r glust dde yn dair; cnwyad yn y glust dde yn unig; stwmp neu stwb a hollti; bachiad carn. Cymysgedd amrywiol o doriadau syml yw pob nodyn clust. Drwy adnabod y nod gellir adnabod perchennog y ddafad gan fod nod clust arbennig yn perthyn i bob fferm ddefaid. Rwyf innau hefyd yn perthyn i fferm ddefaid, i deulu o ffermwyr defaid, i ardal a chymdeithas ffermio defaid. Fe'm magwyd mewn cymdeithas glós a cherddorol iawn – bûm yn canu ac yn chwarae'r piano mewn eisteddfodau, yn actio mewn dramau ysgol a dramau lleol. Roedd digwyddiadau yn cael eu cynnal er budd pawb ac yr oedd pawb yn ymuno yn yr hwyl – gorymdaith Ysgol Sul drwy strydoedd Y Bala, eisteddfod Llawr Dyrnu, picnic blynyddol y capel ar Foel Ffridd y Llyn. Byddwn hefyd yn mynd am bicnics hefo Anti (chwaer Nain) ar Foel Cryniarth, rhoddodd i mi ymwybyddiaeth celfyddydol a rhoddodd i mi hen ddillad y byddwn wrth fy modd yn eu gwisgo – merch fach yn mwynhau chwarae hefo colur, hetiau, cotiau, ffrogiau ac esgidiau sodlau uchel.

Rwyf bellach yn byw ym Mhwllheli gyda'm teulu fy hun. Mae'r fagwrfa wledig yn dal i effeithio arnaf ond rwy'n barcuta ar y traeth yn hytrach na'r Foel, yn cerdded o amgylch iard gychod nid ar hyd llwybrau defaid – blas yr heli yn y gwynt, tywod yn fy ngwallt.

Ear marks, Nodau clust

Harry Hughes Williams

1892–1953

1892–1953

Harry Hughes Williams was the son of a farmer born at Clai Fawr Farm, Pentraeth, Anglesey. He studied at the Liverpool City School of Art and the Royal College of Art, London where he won a Prix De Rome in 1914. Poor health prevented him from participating in the Great War and he set up a studio in one of the granaries at Mynydd Mwyn farm, the family home, which remained his artistic base.

Hughes Wiliams recorded the landscapes of Anglesey and North Wales throughout his life in watercolours and oils; many depicting farming life. Since his death following a tragic accident at Mynydd Mwyn Farm in 1953 at the age of 61 years his work has remained relatively unexposed. The family's collection of paintings awaits a permanent home where it can be displayed.

Mab fferm oedd Harry Hughes Williams a fagwyd ar fferm Clai Fawr ym Mhentraeth, Ynys Môn. Bu'n fyfyriwr yng Ngholeg Celf Dinas Lerpwl ac yn y Coleg Celf Brenhinol yn Llundain ac enillodd Wobr yn Rhufain yn 1914. Fe'i llesteiriwyd rhag cymryd rhan yn y Rhyfel Cyntaf oherwydd afiechyd ac aeth ati i sefydlu stiwdio mewn graner ar fferm ei deulu ym Mynydd Mwyn a dyma lle bu ei weithdy byth wedyn.

Drwy gydol ei oes bu'n cofnodi tirwedd Ynys Môn a gogledd Cymru mewn dyfrliw ac olew, llawer o'i waith yn portreadu'r bywyd amaethyddol. Oddi ar ei farwolaeth drychinebus o ganlyniad i ddamwain yn y Mynydd Mawr yn 1953 yn 61 oed nid yw ei waith wedi cael llawer o amlygrwydd. Mae'r casgliad lluniau sydd ym meddiant ei deulu'n aros am gartref parhaol lle medrir eu harddangos.

Teilia c1934. Private Collection

Kyffin Williams

Born Llangefni, Anglesey
Lives Llanfairpwllgwyngyll, Anglesey

Geni yn Llangefni ar Ynys Môn
Byw yn Llanfairpwllgwyngyll ar Ynys Môn

I was lucky to be born into a family that for generations produced clerics who combined their duties as clergymen with farming. When my mother was born her father, the Rector of Llansadwrn seemed to get his priorities wrong when he wrote in his diary for 1882. *"July 1st The red cow calved. Mattie delivered of a girl child."*

Nevertheless my great-grandfather, a worthy parson, introduced the first steel plough into Anglesey and his uncle introduced the first swedes. My father bred Welsh cobs and drove them in tandem. Some cousins drove a four-in-hand of ostriches but they had more money than sense.

When I was a boy, I always enjoyed my visits to farms and later when I worked in a land agent's office in Pwllheli I used to design cowhouses for many of the farms of Lleyn and knew the standing space for the different breeds of cattle. When I started to paint it seemed natural for me to paint pictures of farmers and of their farms. I painted David Wiliams of Hafod-y-Llan, Henry Williams of Hafotty, Hugh Thomas of Clytiau Poethion and many others. I loved to paint the solid stone farmhouses that seemed to be bound to the land by the stone walls that surrounded them. No field appears to be greener than when there are Welsh blacks in them and there is no more exciting animal than the Welsh cob. I have always done drawings of the Border collies that control the sheep in the high mountains. I remember the old Welsh sheepdog but he is rarely seen today and I don't think I ever drew one. I have been lucky to have been born in a lovely land and also to be able to record what I love.

Yr oeddwn yn dra ffodus o gael fy ngeni i deulu a oedd ers cenedlaethau wedi cynhyrchu offeiriaid a oedd yn cyfuno eu dyletswyddau eglwysig gydag amaethu. Pan anwyd fy mam ymddengys i'w thad, Rheithor Llansadwrn, gam-ddehongli ei briodolaethau oherwydd dyma a nododd yn ei ddyddiadur yn 1882: *"Gorffennaf 1af. Daeth y fuwch goch â llo. Esgorodd Mattie ar ferch fach."*

Fodd bynnag, fy hen daid, offeiriad anrhydeddus iawn, a ddaeth â'r aradr ddur gyntaf i Fôn a'i ewythr oedd yn gyfrifol am y rwdins cyntaf ar yr ynys. Yr oedd fy nhad yn magu cobiau Cymreig ac yn eu gyrru fesul dau. Yr oedd rhai o'm cefndyr yn gyrru pedwar estrys hefo'i gilydd ond yr oedd gan y rheiny fwy o arian nag o synnwyr.

Pan oeddwn yn fachgen yr oeddwn bob amser yn mwynhau ymweld â'r ffermydd ac wedyn pan oeddwn yn gweithio mewn swyddfa asiant tir ym Mhwllheli mi fyddwn yn arfer cynllunio beudai ar gyfer nifer o ffermydd Lleyn ac yn gwybod faint o le i'w adael i'r gwahanol fridiau o wartheg yn y corau. Pan gychwynnais beintio peth naturiol iawn i mi oedd peintio lluniau o ffermwyr a'u ffermydd. Cofiaf beintio David Williams, Hafod y Llan, Henry Williams yr Hafoty, Hugh Thomas, Clytiau Poethion a nifer o rai eraill. Yr oeddwn wrth fy modd yn peintio'r ffermdai carreg cadarn a oedd fel pe baent wedi eu clymu i'r tir gan y waliau cerrig o'u cwmpas. Y mae'r caeau bob amser yn edrych yn lasach pan mae gyr o wartheg duon Cymreig ynddynt ac nid oes anifail mwy cyffrous na'r cob Cymreig yn bod. Yr wyf hefyd wedi peintio nifer o gŵn defaid yn gweithio ar y mynydd-dir. Mae gennyf gof da am yr hen gi defaid Cymreig ond anaml iawn y gwelwch un y dyddiau hyn ac nid wyf yn credu i mi erioed beintio un. Yr wyf yn hynod o ffodus fy mod wedi cael fy ngeni mewn gwlad mor hardd a chael y cyfle i gofnodi'r pethau sydd yn agos at fy nghalon.

Welsh Black Bull

R.W.A.S Commemorative Sculpture by Chris Kelly

Chris Kelly is now based in Huddersfield, but his ties with Wales remain strong. He attended Art College in Cardiff in the early eighties, and lived and worked in South Wales for the best part of a decade.

It was during this early part of his career as a sculptor that he was commissioned to make the sculpture of Shelley, which can be seen at near the Elan Valley Visitors' Centre. This was the first large scale sculpture that he had cast in bronze, and it was soon followed by the Chartists Sculpture for Newport.

Most recently, the Royal Welsh Agricultural Society has commissioned Chris to mark the Society's centenary. Chris made the sculpture at Castle Fine Arts Foundry's workshops at Llanrhaeadr ym Mochnant. Members of the Society visited the workshops regularly to view the progress of the developing work, and Chris visited their farms to study pedigree examples of Welsh Mountain Sheep and Welsh Collies, so that the sculptures accurately reflected the animals' particular features. The Society and the artists were in complete agreement that however expressive and 'loose' the sculpting techniques were, it was crucial that the basic elements were true to life.

The initial small-scale model for the sculpture was modelled in plasticine, and enlarged to life size with the assistance of foundry technicians. Chris then spent many days and nights working on the sculptures of the farmer, sheep and collie, and as soon as they were finished, they were immediately taken away to be moulded.

The casting process is complex and fascinating. It begins when the sculpture is covered in thick coatings of rubber, which are secured with a fibreglass jacket. When the jacket is cut away, its internal surface forms a mould, and using a sequence of processes and materials a bronze copy is finally made. Of course, the original clay sculpture is now disposed of, but the completed bronze preserves each one of the artists' marks for the lifetime of the sculpture – which will probably be hundreds if not thousands of years.

C.A.F.C Cerfluniaeth Coffadwriaethol gan Chris Kelly

Y mae Chris Kelly erbyn hyn wedi ymsefydlu yn Huddersfield ond mae ei gysylltiad â Chymru'n parhau i fod yn un cryf. Yn yr wythdegau cynnar mynychodd Goleg Celf yng Nghaerdydd gan fyw a gweithio yn ne Cymru am gyfnod o ryw ddegawd.

Yn ystod y cyfnod cynnar hwn o'i yrfa fel cerflunydd y derbyniodd gomisiwn i greu'r cerflun o Shelley a welir yn yml Canolfan Ymwelwyr Cwm Elan. Hwn oedd y cerflun mawr cyntaf a wnaeth mewn efydd ac yn fuan wedyn cafodd y gwaith o greu Cerflun y Siartwyr i Gasnewydd.

Yn fwy diweddar y mae Cymdeithas Amaethyddol Frenhinol Cymru wedi comisiynu Chris ar gyfer dathlu canmlwyddiant y Gymdeithas. Aeth ati i wneud y cerflun yng ngweithdai Castle Fine Arts Foundry yn Llanrhaeadr ym Mochnant. Ymwelwyd yn gyson â'r gweithdai gan aelodau o'r Gymdeithas i weld sut yr oedd y gwaith yn dod ymlaen; ac ar yr un pryd yr oedd Chris yntau'n ymweld â'u ffermydd hwythau er mwyn cael astudio Defaid Mynydd pedigri a Chŵn Defaid Cymreig i sicrhau bod y cerfluniau'n adlewyrchiad teg a chywir o'r anifeiliaid hyn. Yr oedd y Gymdeithas a'r artist mewn cytundeb llwyr y dylai'r prif elfennau fod yn fanwl-gywir waeth pa mor fynegiannol a 'llac' oedd y technegau cerflunio eu hunain.

Gwnaed y model bychan cyntaf allan o blastisin ac yna ei chwyddo i'w faint cywir gyda chymorth technegwyr yn y ffowndri. Wedyn treuliodd Chris nifer o ddiwrnodiau a nosweithiau'n gweithio ar gerfluniau o'r ffermwr, defaid a chi ac wedi eu cwblhau cawsant eu cludo ar eu hunion i gael eu mowldio.

Mae'r broses o fwrw'n un gymhleth a diddorol. Mae'n cychwyn pan mae'r cerflun yn cael ei orchuddio gyda haenau trwchus o rwber sydd yn cael eu diogelu gan siaced o wydr ffeibr. Pan dorrir y siaced i ffwrdd y mae ei arwyneb mewnol yn ffurfio'r mowld a thrwy gyfres o brosesau a deunyddiau y mae copi efydd yn cael ei ffurfio. Ceir gwared o'r cerflun clai gwreiddiol ond y mae'r darn efydd gorffenedig yn arddangos holl farciau'r artist am weddill oes y cerflun – cannoedd os nad miloedd o flynyddoedd.

Afterword

It has been a privilege to work with the Royal Welsh Agricultural Show on this exhibition. The support of staff and members has been invaluable. The seed of the idea was sown by Brian Carter in the 1998 AGM held in Anglesey and the planning began soon after.

Since its establishment in 1904, the R.W.A.S has promoted agriculture, horticulture, forestry and conservation in Wales through it's annual agricultural shows and activities held on the showground at Llanelwedd, Builth Wells, Powys. The exhibition will reflect this activity in artistic form.

The artists approached to participate in the exhibition responded with enthusiasm and many strove to create new work. Wales is primarily a rural nation and it's produce, both agricultural and artistic has been an important part of its past, present and hopefully its future. I extend my thanks to all the many individuals and organisations who have supported the project and who have assisted in the exhibition's preparation.

Jill Piercy
Exhibition Curator and Co-ordinator

Gair i Gloi

Y mae hi wedi bod yn fraint cael gweithio gyda Sioe Amaethyddol Frenhinol Cymru parthed yr arddangosfa hon. Bu cefnogaeth y staff a'r aelodau'n arbennig o werthfawr. Yn y CCB ar Ynys Môn yn 1998 yr heuodd Brian Carter y syniad ac aed ati'n fuan wedyn i wneud y trefniadau.

Oddi ar ei sefydlu yn 1904 y mae Cymdeithas Amaethyddol Frenhinol Cymru (C.A.F.C) wedi hybu amaethyddiaeth, garddwriaeth, coedwigaeth a chadwraeth Cymru drwy gyfrwng y sioe amaethyddol a'r amrywiol weithgareddau a gynhelir ar y maes yn Llanelwedd ger Llanfair ym Muallt ym Mhowys yn flynyddol. Bydd yr arddangosfa hon yn adlewyrchu'r gweithgareddau hynny ar ffurf artistig.

Yr oedd ymateb yr artistiaid i'r gwahoddiad i fod yn rhan o'r arddangosfa yn un brwdfrydig a gwnaed ymdrech lew gan amryw ohonynt i greu gwaith newydd sbon. Cenedl wledig yw Cymru ar y cyfan ac y mae ei chynnyrch, yn amaethyddol ac yn artistig, wedi bod yn gyfran bwysig o'r gorffennol, ei phresennol, ac o'i dyfodol hefyd gobeithio. Eiddunaf fy niolchgarwch i'r holl unigolion a mudiadau sydd wedi bod yn gefn i'r achlysur hwn ac yn gymorth mewn dull a modd yn y paratoadau.

Jill Piercy
Curadur a Chyd-lunydd yr Arddangosfa

Biographies

Peter Lord

Peter Lord trained in Fine Art at the University of Reading. For fifteen years after his graduation he worked as a sculptor, but in 1986 turned to the writing of art history. Among his publications is a three-volume history of the visual culture of Wales. He lives in Ceredigion.

Robert Meyrick

Robert Meyrick is Senior Lecturer and Keeper of Art at the University of Wales, Aberystwyth, School of Art. He trained in fine art and art history and now writes on 20th-century British printmaking and the history of art in Wales. He has originated national touring exhibitions and written accompanying publications for leading provincial museums and private art galleries in the UK and the National Library of Wales has commissioned him to research and curate several exhibitions on Welsh artists. Publications include Edgar Holloway: Catalogue Raisonné of Etchings and Engravings and John Elwyn (Scolar Press, London 1996 & 2000).

Bywgraffiadau

Peter Lord

Hyfforddwyd Peter Lord mewn Celfyddyd Gain ym Mhrifysgol Reading. Wedi graddio fe fu am bymtheg mlynedd yn gweithio fel cerflunydd ond yn 1986 torrodd gwys newydd a dechrau ysgrifennu am hanes celfyddyd. Ymysg ei gyhoeddiadau y mae tair cyfrol yn dilyn trywydd y diwylliant gweledol yng Nghymru. Mae'n byw yng Ngheredigion.

Robert Meyrick

Mae Robert Meyrick yn Uwch-Ddarlithydd a Cheidwad Celf yn Ysgol Gelf Prifysgol Cymru Aberystwyth. Fe'i hyfforddwyd mewn celfyddyd gain a hanes celf ac yn awr y mae'n ysgrifennu ar brintwaith a hanes celf yr 20fed ganrif yng Nghymru. Y mae wedi trefnu arddangosfeydd teithio cenedlaethol ynghyd ag ysgrifennu deunydd i gydfynd ar gyfer amgueddfeydd ac orielau preifat yn y Deyrnas Unedig ac y mae Llyfrgell Genedlaethol Cymru wedi ei gomisiynu i ymchwilio a churadu nifer o arddangosfeydd yn ymwneud ag artistiaid Cymreig. Ymhlith ei gyhoeddiadau y mae Edgar Holloway: Catalogue Raisonné of Etchings a John Elwyn (Gwasg Scolar, Llundain 1996 & 2000).